# 而今《じこん》

名田惣二郎

海鳥社

汗かいて、もらう花束はビールの味

而今■目次

## 私の生い立ち



## 教員時代

## 教育論



## つれづれ

# 私の生い立ち

# はじめ面白くやがて悲しい話　幼い頃の思い出

　私の育った家は敷地三六〇坪、平屋建ての百畳の広い家だった。生活も裕福で女中部屋もあった。女中さんは多い時は三人もいた。家族は祖母と両親と子ども六人だったので、母親も育児で大変だったのだろう。誰がそんなにお金を持っていたかというと、祖父為松だった。祖父は門司の発展とともに、大きく飛躍していった。

　柳田桃太郎著『ふるさと門司』（金山書店）によると、門司の最盛期は明治末期から昭和初年だったとある。また羽原清雅著『門司港　夢を追った人・街・港発展と栄光の軌跡』（書肆侃侃房）によると、門司は港を軸に発展した都市として世界の動きにも敏感だった。朝鮮半島から中国大陸さらにはロシアをも視野に置く拡張戦略にも乗っており……とある。大正三（一九一四）年頃門司の一等市街地の地価は、東京日比谷公園の地価と大差ないと言われた。柳田氏の著書にも、門司の桟橋通りの地価は坪八十円、昭和五十二（一九七七）年の通貨で換算すると四百万円以上とある。

　祖父は門司に来て天秤棒を担いで卵を売り歩くことから始め、門司港の発展の波に乗り弟を上海に行かせて、上海冷凍卵を仕入れ発送させた。それが当たった。お金がリンゴ箱一杯入ってきた日もあったと母から聞いた。

　祖父は時代の流れと地の理に乗って、一代にして億万長者となった快男児だったのだ。

　さらに門司の最盛期の幕が閉じ始める頃、下関市長府に大邸宅を作って隠居している。機に望み変に応じた見事な商才をもっていたのだ。また祖父を知る門司の人の話では、面倒見もよく人望のある人物だったようだ。

　父は小学校の時から成績もよく、名門の小倉中学校から大坂高等商業学校に入り、ラグビーをやっていたと言うが、高商卒業後、会社に務めたこともなく、株の取引などで生活をしていたようだ。景気のよい時は下関から芸者を連れてタクシーで帰ってきたりしていた。

　祖母の老後の生活も豊かだった。川棚温泉に遊びに行くのに、長府からタクシーを使っていたと言う。

　昭和十六（一九四一）年、太平洋戦争が始まった。父親にも召集令状がきた。小倉の足立山の頂上に高射砲陣地を築くため、麓の安部山公園辺りに兵舎があって、私と兄が陣中見舞いに行ったことがある。少尉として小隊長だった父にとっては一生で一度の光輝くひと時だった。父が軍刀を前に置いて胸をそらし、昂然たる態度で写っている写真がアルバムにある。我が家の庭に写真屋を呼んで取らせたのだ。

## ■戦後の我が家の苦労話

昭和二十（一九四五）年八月、終戦の日を迎えた。父が帰ってきた。我が家の生活は一転した。父は日本の将来に期待を掛け、満州鉄道株などを持っていたようだが、そうした資産はすべてなくなった。子ども六人を抱えた父母は、人生で初めての危機を迎えた。父は一時は進駐軍の通訳も務めたが、それ程の語学力もなく、父は間もなくクビになった。その頃我が家に古道具屋がやってきて、めぼしいものはどんどん消えていった。金庫もいつの間にか消えていた。もっとも中に金目のものは何もなかったから、必要なくなったのだろう。

中学一年生の私も母親の着物を持って遠くの農家に行き、米に替えてもらったことを覚えている。父は趣味として手漕ぎの小さな漁船を持っていたのが幸いして、漁師になった。私も高校生の頃、休日の日は朝三時頃に起こされ、船の漕ぎ手として漁に出たものだ。

関門海峡の激しい潮流に逆らって船を漕ぐのは大変だった。その縁で父は魚市場の競り子や事務員をしたが、その仕事もすぐになくなった。それ以来漁師で生計をたてようとしたが、手漕ぎの船で漁師として生計を立て一家八人を支えることは、とても難しいことだった。戦争中はアメリカの飛行機の機銃掃射や機雷が恐ろしくて誰も漁には出られなかったせいか、戦争直後はよく釣れたし高値で売れた。母親は高級魚のスズキを持って、戦後成金と言われた金持ちの家を訪ねて、頭を下げて売り歩いた。

しかしそれも一時期のことで、だんだん釣れなくなり、一匹も釣れない日も度々あった。父は広い海の上で魚のよく釣れる場所をよく知っていた。海の中にも山あり谷ありで、その山の岩場に来ると「さー食いつくぞ」と言う。私も緊張して釣り糸を持つ指先に全神経を集中していると、本当に食いついてきた。大きいスズキは七〇～八〇センチもあり、いくらの値がつくか父と話がはずんだ。

漁師の仕事は魚の餌となる、ホンムシ採りやエビかきから始まる。潮の流れの速い関門海峡を何時間も漕いで魚一匹も釣れない日もあった。漁師はそのことを「坊主」と呼んでいた。

終戦直後母は進駐軍の兵隊のメイドとして働いたこともあった。母が残飯のパンの耳をもらって帰ってくるのが楽しみだったが、それも長くは続かなかった。それから母は毛糸の編み物で家計を支えようとした。

私も高校生時代、夏休みなど石鹸工場や友人の会社の水道工事などのアルバイトもした。父親はどこかに隠し財産を持っていたのだろう。六人の子どもはみんな高校までは行かせてもらった。

あの荒波をどう乗り切ったのか、父母の苦労は今思うと大変だったろうと思う。それにしても、父母が死んだ後も、三六〇坪の土地と家（百畳敷）の不動産を遺していってくれたが、父に感謝しなければならないと思っている。

しかし、その時代に祖父が生きていたら、時の流れにただ流されることなく、逆に立ち向かっていって、難関を乗り切ってもう一度花を咲かせたに違いない。

しかし、この苦い経験が私の人生にとっては、大切な物差しとなったのだ。「あの時に比べれば」という物差しだ。

話は変わるが現在我が家では、十一月から三月頃まで、昼食は焼き芋である。五年くらい前からそうだが、私が作るサツマイモがおいしいこともあるが、戦後の食糧難の時と比べると、こんな贅沢な食べ物はないと思うからだ。心理学でいう「刷り込み」現象となって、体の隅々までひもじい思いが染み込んでいるのだ。同年代の妻と戦後の食糧難の時代の話をしながら「おいしい、おいしい」と言いながら食べている。

これは私だけの話ではない。あの激動の時代を逞しく生き抜いた人たちが、貧乏のどん底から今の経済大国日本を育て上げていったと私は思っている。

（二〇一一年十一月一日）

# 中高生の頃の思い出

昭和二十（一九四五）年、終戦の年の春、私は下関市の豊浦中学校に入学した。沖縄が占領された頃だった。遠くの方から警戒警報のサイレンが聞こえてくると、すぐに下校させられた。やがて授業も取りやめて本土決戦に備えて、軍隊の防空壕掘りに動員され兵隊さんと一緒に坑木担ぎをする毎日だった。

八月十五日終戦となったが、学校は大混乱でしばらくは休みだったように思う。

授業が始まるとまず先生の指示に従って、教科書の墨塗りをさせられた。多分軍国主義的な文言を消す作業だったように思う。墨は裏のページまでくっついて、真っ黒な本になってしまった。

しばらくすると、新聞紙大の教科書が配付された。それを折り畳んだり切ったりして、A6判くらいな大きさの薄っぺらな教科書を使っていた。

運動場はサツマイモ畑になっていたが、ニュージーランドの進駐軍がやってきて、ブルドーザーであっという間に、平地にしてゴールの棒を立て、ラグビーを始めた。先生たちはGHQから、一八〇度ひっくり返したような教育を要求され、大混乱だったように思う。

高校三年生、昭和二十六（一九五一）年の時、突然男女共学になって、男子校がにわかに賑やかになった。学級対抗の合唱コンクールなどもあった。勉強が手につかないほどの高揚した雰囲気だったことを覚えている。なぜか男女共学はその年だけで終わった。

まだ教育は混乱の最中にあったのだ。その頃正月の式では「君が代」を歌っていた。たまたま私は仲の良かったK君の家で正月料理をご馳走になり、酒も飲んでいた。そこへ学校から電話があり「正月の式で『君が代』や校歌を歌うが音楽の先生がいないので、ピアノ伴奏を名田に頼みたいのでK君から登校するよう連絡してくれ」「ここにいます」ということで学校へ駆けつけた。行ってみると楽譜もない。メロディだけは覚えていたので、適当に伴奏をつけて何とかその場を繕ったことを思い出す。

母校の校歌は、高野辰之作詞　信時潔作曲によるものだが、以下に記載する。

一、乃木将軍の　生《あ》れにしところ　狩野芳崖　生《あ》れにしところ　剣に筆に

偉人をいだす　霊気こもる地　これ我が豊浦

二、この櫛崎に　四王司山に　満珠干珠の　二つの島に　昔忍びて　望みにもゆる

健児集へり　これ我が学舎

三、大御光りの　宿れる旗を　かざして高く　正しく清く　強き心と　体に生きて

止まず進むが　われらの理想

乃木将軍から始まり、大御光りの宿れる旗をかざして高くと歌う歌詞が、現在でもそのまま歌い継がれている。三番の歌詞など、幕末に長州藩が錦の御旗を掲げて倒幕の先頭に立った時の状況を思わせるが、今でもそのままの歌詞で歌っている学校は珍しいのではないだろうか。同窓会があると今でも全員胸を張って堂々と歌う。

音楽の先生はこの歌詞を生徒に、どのようにして理解させているだろう。音楽教師の同業者として気になるところだ。

明治維新の時、真っ先に立ち上がって日本を変えた、長州藩の反骨精神は戦後も未だ健在なのだ。

（二〇一一年十一月三日）

# 私が音楽好きになったのは

　終戦後の昭和二十一年のことである。戦争の傷跡は深く、人々の生活は極めて貧しかったが、夜の灯火管制もなくなり、世の中は少しずつ明るさを取り戻しつつあった。夕食のおかゆで一時的な満腹感にひたった家族八人は、薄暗い裸電球の下の掘りごたつに足を入れて、雑音の多いラジオを聴くのが唯一の娯楽だった。

　そのころ、中学一年生の私は自力で鉱石ラジオを組み立てた。構造は極めて簡単で、屋根にアンテナ線を張り巡らせて、鉱石検波器で電波をキャッチし、イヤホンで聴くだけのものなのだが、自分専用のラジオを作って私は得意だった。夜になると電波の受信状態がよくなり、占領軍向けの放送が鮮明に聞こえてきた。今まで耳にしたこともないアメリカのジャズに心を奪われた。イヤホンから聞こえる音声は、ラジオの音声と比較にならないほど、澄み切ったきれいな音声だった。

私の耳には、ジャズ演奏は、まったく異質な音楽で、金管楽器が打楽器とおなじように、和音のリズムを刻んだ。わくわくするような輝かしい響きやリズムに酔いしれて、私は毎晩夢中になって鉱石ラジオを聞いた。真っ暗闇の中に、わずかに開かれた隙間から入ってくる光のような、まばゆいばかりの音楽だった。

また、私が高校生の頃、アメリカやソ連の男声合唱団が軍服を着て、競い合うように演奏会を開いていた。私は男性の重厚なハーモニーに魅了され、度々聴きに行った。

「鬼畜米英」「日本民族に勝るものなし」と教えられてきた私には、この異文化との出合いに強い衝撃を受けた。江戸末期、鎖国下にあった庶民は唯一の貿易港の長崎から入ってくる異国の情報に目を奪われ、先進国の生活に夢をはせたに違いないが、私もそんな心境だった。

この異国の音楽のゾクゾクするような感動体験が、私の一生を采配することとなり、音楽の道を選ばせたようにも思える。

私が音楽の道を選んだ動機がもう一つある。

我が家には代々音楽の遺伝子はなさそうなのに、六人兄弟姉妹のなかで私だけが、音楽をめざしたのはなぜだろうかと考える。音楽との最初の出会いは小学校四年生頃で、我が家にあった、四十八鍵盤の小さな足踏みオルガンだった。

昭和十八（一九四三）年、太平洋戦争のまっただ中で、小学校の音楽の授業には、ハホト・ハヘイ・ロニト（ドミソ・ドファラ・シレソ）と先生の弾くオルガンの和音を聴いて、その和音がどの和音なのか当てる授業があった。それは毎時間あった。どうやら、音楽教育本来の目的達成のためというより、アメリカの爆撃機Ｂ29の爆音を聞き分ける訓練だったようだ。

合唱のでき具合は指揮者の腕次第。それがこわい

あとで知ったのだが、そのころ敵は電波探知機を装備していたようだ。爆音を耳で聞き分けるなんて何ともばかげた話だ。しかし何が幸いするか分からない。私は和音の聞き分けが得意で、先生にほめられるのがうれしくて、学校から帰るとすぐに、オルガンで和音をさぐり弾きして遊んだ。それが私の音楽人生のとっかかりになったように思う。

和音の楽譜は見たこともないが、一音ずつ積み重ねる度に、泣き出したくなったり、うきうきした気分や、ゆううつな気持ちなど、微妙な味の違いが作り出せることを感覚的に知った。さらに和音と和音をつなぐことで、もっと複雑な気分の変化が味わえることも知った。オルガンは、鍵盤を押しているかぎり音が持続するので、和音を楽しむには、ベビーオルガンで十分だった。私はあきることもなくオルガンを弾き続けた。

その愛着のあるオルガンも、戦後の食糧事情が最悪な状況の中で、八人家族の生活を支えるため手放す時が来た。私は離れがたく、引き取り先のSさんの家までついていって、いつまでもオルガンを弾いて別れを惜しんだ。

リードを震わせて鳴る、あのオルガンの音色は、虫の声のようにどこか物悲しく、現代の人工的に合成された電子オルガンにない温かさがあった。若き日への郷愁をおぼえる。

ハホト・ハヘイの授業には私には意味があった。今になって思うと、ベビーオルガンや鉱石ラジオの音楽に魅せられて、私は音楽の道を選んだように思う。

（二〇〇三年十月二日）

# 関門海峡の釣り

今から七十年ばかり前の終戦直後、日本はひどい混乱状態にあった。ことに食料事情はひどく、外地からの民間の引き揚げ者や兵隊さんを迎えて極悪の状態であった。食べられるものは何でも食べた時代である。その食料難を乗り切り家計を助けるため、中学生だった私はよく父の魚釣りを手伝った。その頃の私は夏休みや春休みはもちろん、土曜日の午後や、日曜日などの休日はほとんど魚釣りで過ごしていたように思う。

私の郷里は下関市長府町にある。魚釣りの好きな父は小さな手こぎの漁船をもっていた。その事が幸いにして我が家の食生活を支えることになった。その頃、海には食べられるものが沢山あった。

戦時中、関門海峡には米軍の機雷が浮遊し、グラマン（戦闘機）の機銃掃射が恐ろしくて、漁師は釣りに出かけられなかったからであろうか、戦後しばらくは魚も貝もよく採れた。

戦後、ニュージーランドの兵隊が長府に駐留していたことがある。彼等は面白半分に手留弾を投げて魚を捕っていた。しかし彼らは潮の流れを知らない。私たちはその魚が潮の流れに乗って浮かび上って来るあたりに船を動かして、魚を捨って回った。まさに漁夫の利であろう。痛快な気分を味わったことがある。

六月頃からの関門海峡のスズキ釣りは豪快である。餌はホンムシとエビだが、現在のように餌を売っていなかった時代なので、漁はまず餌取りから始まる。

ホンムシは柔らかい岩の中に生息していて、それをつるはしで打ち砕き、傷つけないよう捕る。スズキは餌については贅沢で、海中で動く生きた餌でないと食いつかない。

エビはがんぜきの目を荒くしたような幅一メートルもある鉄製の「エビかき」で砂地を引っ掻いて捕る。深さ十センチの鉄の爪に触れて、えびは驚いてピョンピョンと跳びはねる。これをすかさず柄の長い網ですくってビクに入れていく。時には、カニやハマグリも捕れて大変楽しい。

スズキ釣りは夜中や明け方、潮時をみて行われる。眠い目をこすりながら櫓をこいで漁場に向かう。海は一面同じように見えるが、海底は砂地あり、岩礁あり、浅瀬あり、深い海溝ありと、地上と同じようにさまざまな地形である。

スズキは岩礁の部分に生息するが、この岩礁の部分は非常に少ない。何の目印もない広い海で、潮の流れを考えながら岩礁のある場所に船をもっていくにはなかなかの技術がいる。遠い地上に薄ぼんやりと見える山の頂上と手前に見える工場の煙突などを覚えておいて、直角な二点が重なる場所に船をもっていく。この目印となるものが多い程、場所は正確になる。父はよくその場所を覚えていて、その場所に来ると「さー食いつくぞ」と言う。

海峡の流れは速い。勝負は一瞬である。潮時さえ良ければ、釣り糸がその岩しょうの背をなぞって動いた時に必ず食いつく。その時はどんな魚信も見逃すまいと全神経が指先に集中する。

餌がエビの場合は食い付きが良い。エビは海中で泳げるように針につけてあるので、スズキは一口で飲み込もうとする。強い引きがぐいっときた時、思い切り合わせれば大抵は釣れる。ホンムシの場合はタイミングが難かしい。もぞもぞとかすかな魚信を指先に感じてから、釣り糸が段々に重くなる。この時がチャンスである。スズキは普通三〜十キロもあるので船にあげる時、たも網ですくいあげないと釣り糸が切れてしまう。

船端のカーバイトランプの光の中で、海面にしぶきをあげてスズキが、たも網に入った時の感触を今でも鮮明に思い出す。その頃中学生だった私でも、一晩約二時間の漁で五本ぐらいは釣っていたと思う。

やがて東の空が白み始める頃、朝の競り市に時間を合わせて帰途につく。父親と二人で、生け簀一杯のスズキの競り値に話がはずむ。その収入だけで一家八人が生活していたのだ。生活がかかっているから、釣りは遊びではなかった。

今はもう船もない。しかしその頃の魚具の鉛の玉と錨は父の形見として私が持っている。私が三十歳になった頃、父にディーゼルエンジンつきの中古の船を探して父に贈った。父は大変喜んでいたことを思い出す。

この文を書いていると、若い頃の思い出と共に、もう一度あの関門海峡のスズキを釣りたい思いに駆られてきた。今は老いて病床にある父に、あの新鮮なスズキの洗いを食べさせたいものだ。

私が三十歳の頃のことだ。勤務校の宴会で魚の煮つけがでた。私は習性で頭から尾の先まで身は全て食べ尽くして、皿には骨だけが残っていた。それを給仕の女中さんが見て、「わーすごい食べ方」とびっくりしていた。「私は漁師だからな」と言うと「ああそうか」とうなずいていたことを思い出す。

さらに私の家ではその骨を焼いて跡形もなく食べるのが、いつものことなのだ。私たち夫婦は魚を「骨まで愛している」のだ。骨はカルシウムもあり油分があって、とても美味しいのだ。皆さんも一度試してみてください。育ち盛りのお子さんや骨粗しょう症に心配のあるお年寄りには、必要な栄養分もあってとてもいい食べ物です。

（一九八一年）

# 高卒後就職した田耕小学校・東部中学校の思い出

昭和二十六（一九五一）年春、私は高校を卒業すると、すぐに田耕《たすき》小学校の助教諭に採用された。占領軍の指示する教育改革で、戦前の義務教育六年制から九年制になったのはよかったが、にわかの改革で校舎もなく教員も不足した。私は高卒直前一カ月間のとって付けたような、形だけの研修を受け、小学校助教諭の資格を得て、田耕小学校に赴任したのだ。田耕小学校は山口県豊浦郡（現在は下関市豊北町）の田んぼばかりの村にあった。すぐに小学校四年生の担任になったが、今から考えると教育委員会はよくも採用したものだと思う。それでも素朴な子供たちは素直で、新米の私に対しても一人前の先生として懐いてくれた。力量のない私が担任になって、申し訳なかったと今でも思う。

最初に赴任してまず驚いたのは、先生方の弁当がみんな白米だったことだ。私が持参した弁当は、米不足のためヒジキを入れて増量した赤い色をした弁当だったので恥ずかしかった。

米どころの田耕では白米は当たり前だったのだ。

小学校の運動会は、農家の米の収穫が終わった頃にあった。田舎では運動会は、村挙げての一大行事だった。前夜から場所取りのゴザが敷かれ、村人みんなの収穫祭のようだった。運動会が始まると、すぐに酒盛りが始まり、酔っ払った年寄りなど、孫の徒競走の審判に、「間違っている」「うちの孫の方が先にゴールした」と先生に文句を言ったりして、誠に賑やかだった。

しかし、のどかな農村の家庭訪問は大変だった。何しろ校区が広い。一〇キロ四方に広がっていて、ポツンポツンと家があるのだ。その上、自転車もないので歩かなければならないのだ。

子供たちは前の訪問先の家まで迎えに来てくれた。ひと山越えるのに、日ごろから熟知しているけもの道を私の手を引きながら案内してくれた。どの家でも先生さま様と、心を込めたもてなしをしてくれた。ある時は親御さんから山で捕れた猪の肉を、山鯨だといってもらったこともある。自炊生活の私にはおおご馳走だった。

何の力も無い私が唯一存在感を示したのは音楽だった。ピアノを弾ける先生は少なく、授業を交代して、他の学級の音楽の授業をすることも多かった。私自身がピアノは全くの独学で、今から思えばいい加減な音楽専門の教師だったのだ。

卒業式の「仰げば尊し」のピアノ伴奏を弾いた時、私は大失敗をした。子どもが泣きながら歌うので、音程が段々下がってきた。二番の歌詞の時、私は咄嗟に半音下の調に移調して弾いた。座は白けた。調子に乗り過ぎた私の大失敗の場面だった。

田耕小学校での最後の日、他学年の子供たちも小銭を紙に包んで、餞別として私にくれるのだ。その頃給料は二千円だったが、それを上回る金額をもらった。村では昔からの習慣のようだったが嬉しかった。いつかまた田耕小学校に行ってみたいとの思いが強く湧く。

小学校助教諭一年後、私は教師として、余りにも非力な自分に気付き福岡学芸大学（現・福岡教育大学）を受験した。運良く合格したのだが、その時は下関の東部中学校に転勤が決まっていたので、大学には休学届けを出した。しかし、本当は学費が無かったのだ。親からの学費は全く期待していなかったので、学費を稼ごうと思って中学校に転勤した。

その頃にわかに創設された東部中学校は、旧日本軍の兵舎を改築したお粗末な建物だった。音楽室は他の教室からはるか離れた丘の上にぽつんと建っていた。ピアノが弾けるというだけで、高卒の私でも中学校に採用してもらえたのだ。

東部中学校の仕事は、担任もなく音楽の授業だけだったので楽だった。その頃は中学校の教材の伴奏は、すぐに弾けたし、毎日私専用のピアノが弾けて楽しかった。

その頃の学校は、男性教員が宿直することになっていたが、年配の先生方からよく代役を頼まれた。私にとって宿直費は貰えるし、ピアノは何時間も弾けて、そのうえ小使《こづか》いのおばさんに食事まで作ってもらい、幸せな一年間だった。

しかし大学に行かなければとの思いを強くして、私は本気でピアノ練習を始めた。ピアノは全くの独学だった、と言えば聞こえはいいが、ただ我流のピアノ演奏だったのだ。大学に入って初めて、正しいピアノの練習の仕方を習えて感激だった。

この二年間は私にとって貴重な体験だった。大学の教育心理学や教育学などノートを取らなくてもよく理解でき、試験も満点だった。それは現職経験のお陰だと思っている。

他の学生は親からの仕送りもあり、アルバイトをしても遊びのためのお金だった。私は授業を受けるために稼いだお金だったから、他の学生と比べても真剣さが違った。授業には集中したが、二年間の空白は大きかった。四年生の後半の理系の単位を落としてしまった。そのために大学生活は四年半となった。

最後の半年は時間に余裕があって、卒論の作曲（混声四部合唱曲）も、もう一度見直すことができ、却ってよかったのかもしれない。

（二〇一一年十月二十八日）

# 大学時代の思い出

昭和二十八（一九五三）年、二十歳。一年間の入学免除の後、私は大学に入学した。学芸大学の校舎は小倉の北方にあった。元は軍隊の兵舎をそのまま使った、みすぼらしい校舎だったが私は張り切っていた。

しかしお金はなかった。親からの仕送りは全く期待できないのは、入学前から分かていたことだった。二年間教職にあって多少の貯金はあったが、苦労することを覚悟の上、進学の道を選んだのだから仕方がない。まず寮に入って、授業料免除と奨学金貸与の手続きをして、家庭教師を始めた。月水金と火木土と二軒のアルバイトを始めた。月四千円の収入があり、昭和三十年には六千円も収入があり、何とか生活できた。

ちなみに昭和二十六年の高卒の国家公務員の初任給が三八五〇円、二十七年は、五四〇〇円、二十九年は五九〇〇円と資料にあるが、それに比べてもかなりの収入だった。当時一番安い素うどんが一杯二十円だったことを覚えている。

音楽科は他の教科と違って、ピアノ練習の時間を取るのが大変だった。その頃音楽科で、自宅にピアノを持っている学生は少数だった。それに大学のピアノの台数が少なかったので、ピアノはいつも奪い合いの状態だった。

私は夕方家庭教師の仕事に出掛けるので、アルバイトが終わった後に学校に帰ってピアノの練習をし、終電の時間まで練習しなければ同級生に追いつかなかった。

土曜日の夜などは、徹夜でピアノ練習をしたことも何度もあった。誰もいない音楽教室で教授用のグランドピアノを思い切り弾けたのが魅力だった。初めは守衛さんに見つからないよう、電灯も消して弾いたりしていたが、そのうち守衛さんも温かく見逃してくれた。

家庭教師の仕事は教職二年の経験を買われて、どこの家でも優遇して頂いた。何より楽しみなのは夕食だった。日頃寮の貧しい食事に辟易していたが、家庭教師の家では美味しい料理をたらふく食べさせてくれた。

お陰で四年半の学生生活は、親の援助もなく過ごすことができた。五年生の半年間は寮を出なければならなくなったが、幸い造り酒屋で娘さんにピアノと教科を教える条件で住み込みの家庭教師となって、私も思い切りピアノが弾けた。私の卒論は作曲だったので、いつで

筆者が創立した音楽会は百余名の混声合唱ができるまで成長した

も弾けるピアノがあったのはありがたかった。

卒論で作曲した作品を、恩師の森脇憲三教授がＮＨＫ専属合唱団で取り上げ練習していたが、放送直前にＮＨＫより中止要請があって、作品は音にならなかったのが、悔しかった。ＮＨＫは公共の電波を使って、一学生の作品を取り上げることに、躊躇したようだ。

私の大学時代は充実し濃縮した生活だった。またこの張りつめた生活経験が、生涯の生き方の物差しとなったことは間違いない。今では貴重な得難い経験をしたと思っている。その後の人生でも、私は困難な局面に直面しても、「あの頃に比べれば大したことはない」と、逃げることなく前向きで挑戦的な生き方をして来たと思う。そのような場こそ飛躍のチャンスと思って、面白がって立ち向かっていったことも多々ある。

私は八十歳の今でもその生き方を続けている。明るい内は畑仕事に精をだし、日が暮れると夕食前にピアノ練習一時間、合唱指揮練習という生活のリズムは定着している。たとえ正月といえどもこのリズムを崩すことは許されない。貧乏根性が身に沁みついているのだ。

父親の「はじめ面白く、やがて悲しい人生」と比べると、私は「はじめ悲しく、やがて面白い人生」だった。今ほど楽しい人生はないと思って、毎日を過ごしている。人間何が幸いするか分からないものだ。

（二〇一一年十一月五日／二〇一三年九月加筆）

# 貧乏性な私

昭和八（一九三三）年生まれの私は若い頃から、物を大切にする教育が身に染み付いている。五十歳頃、十五年間愛用した自家用車を、まだ使えると乗っていたら、走行中突然動かなくなった。「車が行き倒れになった」と妻から笑われたこともあるが、私には現代の使い捨て文化は、どうもなじめない。

十数年前まで北九州市には大型ゴミ回収の日があった。集積所に山と積まれたタンス・本箱・扇風機などを目にすると、思わず立ち寄ってめぼしいものを探したくなる。妻は体裁が悪いから止めろという。彼女の物差しは、いつも世間様がどう思うかであり、私の物を大切にする価値観との接点は見出だせそうにない。

まだ使えそうな高級品が、惜しげもなく捨てられているのだ。市に協力してゴミを減らせば市長から感謝状がくる、と妻を言いくるめてゴミの山に立ち入った。その頃、コンパクト化したオーディオ機器が出始めて、場所を取る大型スピーカーなど不要になったものが一斉に捨てられていた。それまで買いたくても買えずに我慢していた私には、宝の山に見えた。テレビの構造は映像を重視して音響のスピーカーは下側のわずかな隙間に設置されており、折角のオーケストラの音色も、大画面の映像と比較して貧弱で、物足りない。

拾い集めたスピーカーは、十数年経た今も現役で活躍している。我が家にある二台のテレビの音声は、アンプを通して大型スピーカーでステレオ再生する。オーディオ機器に接続して四台のスピーカーを駆使して聴く。いずれも迫力のある素晴らしい音響である。腹に響くような低音や、澄み切った高音が楽しめる。

もう一つのスピーカーは畑にある。畑に六坪の倉庫を建てて電気を引き、ＣＤ再生機とＦＭラジオとアンプを買って、大音量でクラシック音楽を聴いている。私は日の明るいうちは畑仕事をしているが、だれにも遠慮せずに、きれいな空気と澄みきった音に浸って満足しているのだ。そのお蔭で新鮮な野菜がふんだんに食べられ、八十歳になった今も私は畑仕事を楽しんでいる。

最近視聴した十三歳の全盲の天才ピアニスト、辻井伸行君の演奏は素晴らしかった。よりリアルで臨場感があり、華麗《かれい》なピアノの響きが印象深く耳に残っている。

もう一つのスピーカーの効果は、猪対策に大いに役立っている。畑のスピーカーを一晩中鳴らしていると、猪は人の気配を察してサツマイモを食べに来ない。近隣の畑は柵を立てたりしていても、下から潜り込んで食い荒らし被害が大きいのだが、我が家の畑には猪が寄り付かない。

ところが、数年前から大型ゴミの収集が有料化して、一カ所集積がなくなり、各家庭が門前に出すようになった。私にとっては、ワクワクするような宝物探しの楽しみがなくなって、はなはだ面白くない。「ゴミの有効活用を促進するために、大型ゴミ収集を見直せ」と市に要望したいと言うと、妻は単にゴミ拾いを正当化する屁理屈と言われた。

生い立ちの中で身に染み付いた貧乏性は、一生治りそうもない。

（二〇一三年三月八日／二〇一三年九月加筆）

# お盆

私の生家は下関市長府町川端にある。すぐ近くには侍町という由緒正しいお屋敷町があり、その日は夏の太陽の日差しを受け、お屋敷の漆喰の白壁と真砂土《まさつち》の壁と道路は一段と明るかった。蝉だけがやかましく騒ぎ立てたが人々は静まり返り、正午の天皇陛下の玉音放送を正座して待った。放送は雑音がひどく、また中学一年生の私にはその内容はよく理解できなかったが、これ以上に事態が悪化して飢えることにおびえた。

昭和二十（一九四五）年八月十五日のお盆は、日本がよって立つ国家理念が崩壊した歴史的転換の日だった。日本では「敗戦」と言わず「終戦」と言うが、正しくは「敗戦」と呼ぶべきだ。

敗戦とともに外国の軍隊が駐留し進駐軍と呼ばれていたが、正しくは占領軍である。日本全土がその支配下に置かれたことは、日本の有史以来初めての出来事であり、その事実を正しく後世に伝えるべきだと思う。

新たなる理念による自立の道を求められ、舵取りの日本丸船長は方針も定まらないまま、突然一八〇度方向転換を迫られ迷走を始める。そして人々の敗戦の屈辱と悲哀と混乱の日々が始まる。

戦争の傷跡は深く、人々の生活は極めて貧しかったが、敵の空襲を避けるための夜の灯火管制がなくなり、電球の黒いおおいも取り払われ、やがて世の中は少しずつ明るさを取り戻し始める。その頃、毎度の食事は大根葉やヒジキの入った水ばかりのおかゆだった。それでも私は毎日食べられるだけで幸福だった。

庶民の生きるための営みはすさまじかった。娘を殺して肉を食うという悲惨な事件も起きている。国の施策に殉じ正義を貫き通し、ヤミ市には決して行かず配給の食料だけで生活した裁判所の判事が飢え死にした。人々は大豆の搾りかす（アメリカでは家畜のえさ）の配給に群がる。

名誉ある陸軍中尉であった私の父も、復員してくると、家族を養うためになりふり構わず占領軍の通訳になり、母親もメイドとして占領軍の施設に勤める。六人の子どもたちは母親の持ち帰るパンのみを待ち望んで、遠くまで迎えに行った。

パンパンと呼ばれる女の人がガムをかみながら、派手な衣装をまとい、占領軍兵士の腕にぶら下がって町を歩く。人々は眉をひそめたが、やがて、それが侍町に住む同級生の母親だったことを知る。何も知らない子どもたちは「ギブミイ　チョコレート」と取り巻いた。子どもたちが覚えた初めての英語でもあった。

教科書は占領軍司令部の命令で、軍国主義的な内容と指定された部分を墨で塗りつぶして黒く汚れていた。その後配付された急ごしらえの教科書も、新聞紙大の用紙に印刷され、生徒が各自で折り畳む薄っぺらなものだった。

教師も軍国主義から一気に民主主義へ方向転換を迫られ戸惑ったに違いない。

高校三年の時男女共学になり、私もうきうきした気分で通学したのだが、行き過ぎた男女交際を心配したのか、翌年には廃止されている。教育界の混乱は昭和二十六年になっても、まだ続いていた。

日本人の混乱や貧困とは対照的にニュージーランドの占領軍の兵士の生活は豊かだった。将校は独立した家屋を与えられ、メイドを雇って優雅に日本の生活を楽しんでいた。母国では味わえない、ぜいたくな生活だったに違いない。若い兵士は真冬でも半袖姿で歩き回っていた。

ある日バグパイプの軍楽隊が、町の表通りを誇らしげにパレードした。スカートをはき、カラフルな民族衣装をまとい、耳にしたこともない珍しい音楽を奏でた。その音楽に魅了された私は、その後をどこまでも追いかけていった。

これらの異文化との出会いは、後々の私の人生に大きな影響を与えている。知らず知らずのうちに、私は新しい時代の波に乗せられ感化されていたのだ。

昭和二十年八月十五日のお盆を境に、お盆の水をひっくり返したような混乱の日を迎え迷走し「堪え難きを堪え、忍び難きを忍び……」の苦難の時代でもあったが、私たち世代をたくましく育ててくれたのは、あの荒波だったのかもしれない。

（二〇〇二年八月五日）

# 教員時代

# 未熟な教師

昭和三十五（一九六〇）年頃のことだった。Y君が中学校に新入生として入学してからひと月後、担任の私はY君の家を家庭訪問した。家庭より提出された家庭環境調査票の地図の場所にその家はなく、念入りに付近を探したが見つからなかった。地図の読み違いだと思った私は後日改めて、Y君に案内させて家庭訪問をした。

Y君が案内したのは公園の片隅に置かれた小さな屋台だった。彼が黙って指差す屋台を前にして、言葉を呑んだ。「これが家か」と、ただなすすべもなく私はその場に立ちすくんだ。

廃棄されたものを活用したと思われる屋台はおよそ一畳の広さで、三段に仕切られたベッドだけの家だった。雨露や寒さをしのぐために周囲全体にダンボールが巻き付けてあった。もちろん電気、水道、ガスはない。ただ寝るためだけのものでも、父親と弟と三人家族にとっては生活のよりどころだった。公園だから便所と水はあった。

兄弟はその家に住んでいることを先生や友達には知られたくなかっただろう。下校すると、明るい電灯のあるあちこちの店屋で閉店まで過ごし、やがて公園の街灯を頼りに帰ってきた二人は、真っ暗なベッドに入って眠りについたに違いない。

Y君は生活の厳しさを顔に現さず、生活困窮者に対する教育扶助で支給された、新品の制服や靴や鞄を身に着けて満足そうに登校していた。いや私が表面だけ見て、そう思い込んだのだ。彼の心の中には計り知れない悲しみを秘めていたに違いない。

私は何の気配りもなく無神経に、一家が立ち入って欲しくない領域に、ずけずけと入り込んでしまったのだ。一学期の半ば教育委員会から転出通知がきた。理由は分からない。級友とのお別れの挨拶の機会もなく、突然彼はいなくなった。

四十数年を経た今、公園は植え込みや遊具などで、きれいに整備されている。けれども私の脳裏にはあの時の屋台が焼き付いて、今でもくっきりと目に浮かぶ。教師としての未熟さを思い知らされる出来事だった。だが彼のこの厳しい生活体験が、以後「二度とあんな生活には戻りたくない」との思いとなって、マイナス体験を梃にして、上昇志向に変えて、立派に成人したに違いないと思っている。

（二〇〇三年七月十日）

# まいた種が花を咲かせるとき

教職生活三十六年中、Ａ中学校には二度赴任し六年間お世話になった。最初は昭和三十八（一九六八）年から四年間、その頃Ａ中の生徒は元気がよかった。私が赴任してびっくりしたのは始業式が終わって私が担任する三年生の教室に入った時、教室の後ろのバケツの中で紙が燃やされ、煙が上がっていた。歓迎の狼煙《のろし》なのか私の力量を試す狼煙なのか、生徒たちは、私の対応の仕方を試したに違いない。生徒の便所をのぞくと大便所の扉はみんな壊され，校舎も荒れ果てていた。朝職員朝礼をしていると、上の教室から職員室に向けて花火が飛んできたりしていた。

私は三十五歳のやる気十分の年頃で、そんなことには動揺しなかった。それから体を張った日々が続いた。同年輩のやる気満々の若い教師も沢山いた。教師同士慰め合う酒屋通いで、帰宅は毎日午前様という有り様。折角おいしい酒を飲みながらも、話はみんな生徒のことばかり、A君がどうしたのB君がどうしたのと。飲み屋の女将から「先生方は他に話すことはないの」と言われる始末。

よし話題を変えようと言ったものの、話はすぐに生徒の話に返ってしまう。生徒は思春期のエネルギーを、教師や友達に思う存分ぶっつけあって成長する。A中の教師も、力一杯取り組んだという自負はある。

中でも私の組のB君は番長格で、私に向かってもろに反抗してくる。ある時、全校集会にB君が参加していない。校内にいたB君を参加させようとするが、言うことを聞かない。とうとう取っ組み合いになってしまった。結果私が負けて廊下に投げ飛ばされてしまった。だがB君はそれ以上に私を蹴ったり殴ったりはしない。私は寝ころんだままB君に「はよ、全校集会に行け」と言うと、「分かった」と言って素直に参加した。

手に余った私はB君の家庭事情を知ろうと、度々家庭訪問をした。もちろんB君の学校における行動を知らせに行ったのではない。一升ビンの酒を持って父親と飲んで、私は本気で、B君のことを心配していることを分からせたかった。

家庭とのコミュニケーションも取れたころ、B君が授業中に抜け出してD校の番長に話をつけに行ったことがあった。D校から電話があった。生徒指導主事から私に行ってくれと依頼があった。本来なら生徒指導専任の主事が出かけて処理するのだが、彼の手に負えなかったからである。

D校に行ってみると校長室前に、D校の元気者が大勢集まっている。校長室に入ってB君を見ると、私は外に聞こえるように大声で叫んだ。「馬鹿もんが、授業中になんでこんなところに居るんじゃ。長靴を脱げ」。するとB君はぶつぶつ言いながら長靴をぬいだ。

その声を聞いて、校長室前に集まっていた生徒たちも教室に帰っていった。私にはB君を制する自信があった。それは日ごろから父親とのコミュニケーションをとっていたお蔭なのだ。

また深夜の十二時頃にF校から自宅に電話があった。B君がF校に来て暴れている。本人が担任を呼べと言うから電話したという。私はすぐに駆け付けた。B君は自分で起こした騒ぎを収めるために私を使ったのだ。また、B君は担任が来るかどうか試しているのだ。本気でB君のことを心配してくれているのか、私が試されているのだ。A校の番長を抑える私はA校に居なければならない存在になったのだ。

私は卒業式に三年生十二クラスの各学級、それぞれの学級歌を生徒たちに作曲させた。生徒が誇らしげに歌った姿を思い出す。私は教師としての本当の力量を試された。私自身が教師として成長したのはA中だったと思う。あれから二十数年後、後再び校長としてA中に赴任した時、A中は見事な立ち直りを見せていた。かつて私が手をやいたB君が保護者になって「うちの娘をよろしく」と頼みにくる。

実はその女の子に会ったのは二回目で一回目は一歳頃、B君は可愛い娘を見せに私の家まで連れてきたことがある。その子がおしっこをもらした。後始末をする妻に「すいません、すいません」と頭を下げて娘を叱っていた姿を見て、その変貌ぶり・教育パパぶりに、ただただ驚くばかり。「中学時代、君のことをあんなに心配して損をした」と言いたくなる。そんなB君が、無上に可愛い。

B君の弟C君も私が担任だった。C君の息子が入学してきた。校長室の前でその子にたまたま会った。そうしたら私の顔を見ると「僕何にも悪いことはしてないよ」と言って走り去った。多分父親から「校長は昔俺の担任だったんだから、悪いことをしたらすぐに叱ってもらうからな」とでも言われていたのだろう。ここにも昔手を焼いた生徒の教育パパ振りがうかがえた。

そのクラスにいたE君も思い出深い生徒だった。彼は父子家庭で親子二人で生活しており、経済的にも苦しく、E君は毎晩友達の家を渡り歩いて泊まっていた。市の担当機関の方に直接会って、E君の家の実状を話し対策を頼んだりした。市は適切な対応をしてくれた。そのE君が卒業後数年たって、我が家にやってきた。父親が死んだ、どうしたらいいのか分からないと言うのだ。すぐにE君の家に行ってみると、家具も何にもない部屋に、父親が布団の中に寝かされていた。彼の親族はいないというのだ。困り切って、ふと昔助けてくれた私のことを思い出したのだろう。

教育の結果はすぐには現れない。A中で出会った生徒が、今はそれぞれの社会で立派な活動をしている。ひょっとして私のまいた種が、今になって実ったのかもしれないと思うと、嬉しくなる。数年前、四十五歳になるB君から思いがけない電話がかかってきた。「一升瓶下げて飲みに行く」とのこと。

手を焼いた悪そ坊主ほど懐いてくるのだ。

（一九九二年）

## ピーマン教師の苦闘と喜び

私は福岡教育大学附属小倉中学校の教官として六年間勤務したが、附中から市立中に転任後、その学校の教師から、附属中は生徒が優秀だから、だれでも授業できると言われたことがある。

だが、それはまちがいで、附中ではいい加減な授業をすると生徒に馬鹿にされ、ピーマン（中身が空っぽ）などと呼ばれる。生徒は教育実習生や多くの研究授業を経験し、教師の力量を見抜く目を持っている。

それに対応するには、授業の事前準備が大変だった。特に音楽の授業は生徒たちの心がワクワク、ドキドキした雰囲気でなければ、いい授業にはならない。それには教師自身が、明日の授業はどんな方法で、生徒の心をつかむか、いろいろと工夫しなければならない。それで私は毎晩十一時まで学校に閉じこもって考えた。

シューベルトの「魔王」を教えた時、四人の登場人物を一人の歌手が声色を変えて表現している面白さを教えたかった。そこでまず落語を聞かせた。落語では一人で何人もの役をする一人芝居の場面が多い。私は生徒にこの落語の中で、登場人物は何人だったか考えさせた。次に魔王を原語（ドイツ語）で聴かせて登場人物の数を考えさせた。

ヒントは主な登場人物は父と子と魔王だなどと誘導しながら、作曲者のたくらみを見抜かせた。登場人物の似顔絵を順番に並ばせるなどした。教師が面白がった授業をすれば、生徒も乗ってくる。

ある時は、音楽で人の心をつかむには、最初の二小節（動機）が大切だということを教えるために、「私のコマーシャルソング」と言うテーマで作曲させた。作曲の基本を教えるための仕掛けだった。生徒たちはそれぞれ自分の名前をアピールする旋律を作った。私はその旋律をより美しくするために色々と和音を変えて、生徒にどの和音付きがよかったか決めさせ、皆で歌ってみて評価し合った。

その授業で作曲の面白さを体感した生徒に、今度は学級歌を作曲する課題を投げかけた。最初は「汽車の旅」と言うテーマで、ＳＬ機関車の蒸気の音などの録音を聞かせ、イメージを膨らませて動機作りから導入した。起承転結で組み立てられた四コマ漫画をバラバラにして、正しく並べ、起承転結の二部形式の作曲の面白さを教えた。その結果私の仕掛けた罠に生徒は乗ってきた。そしてそれを学級歌として附中の合唱祭で披露した。私が附中を去った後、三十数年後の今も附中の合唱祭では、生徒が作詞作曲した学級歌の演奏が伝統になって定着している。

伝統と言えばもう一つ私が残したものがある。カール・オルフ作曲の「五拍子の舞曲」だ。「♪♪　♪♪♪　♪♪」の手拍子を八十四回叩くだけだが、全校生徒三百六十人が打楽器の伴奏に乗って、ピアニッシモ（弱音）からフォルテッシモ（強音）と一定のテンポとリズムを保ち、緊張感を高めながら、一糸乱れず叩き終わった瞬間、会場は一瞬静まり返る。それからしばらくして改めて観客から拍手が沸き起こる。作曲者はこの集中を作りたかったのだ。この曲も附中の伝統文化として未だに受け継がれ、附中の恒例の合唱祭で毎年演奏されることを知って私はうれしかった。

伝統的な文化はその伝承の仕方も定着していなければ、消え去っていくものだ。今年四月初旬のある日、私は朝八時半頃附中の一年生の教室を訪ねた。丁度その時間帯は先生方は職員朝礼中だったが、生徒会役員が三組に分かれて「五拍子の舞曲」の練習をさせていた。

この曲は、もう先生の手から離れて先輩が後輩に受け継ぐのが当たり前といった風景に出合い、私のまいた種が生徒の手で大切に受け継がれ、三十数年後も附中の伝統文化として、誇らしげに指導している三年生の生徒の姿に接し本当にうれしかった。

そのきっかけとなったのは「一年生に〝ハレルヤ〟を教えたい人」と三年生に呼びかけると、多くの生徒が手を挙げた。入学したばかりの一年生は、六月の全校集会の発表に間に合わないので、私は止む無く生徒の手を借りた。昼の弁当が終わる時刻、突然「一年生のソプラノは音楽室に集合」などと次々に放送が入ると、一年生は慌て弁当を片づけて走っていく。英語の歌詞に仮名をつけて、先輩も一緒に歌って覚えていく。こうして「五拍子の舞曲」の伝統を受け継ぐ仕組みも出来上がって来たことが、私はとてもうれしいのだ。

ある時は音楽を構成する要素を教えるため、生徒になぞなぞを仕掛けた。「おいしいお菓子を食べたい人」と言うと生徒は一斉に手を挙げる。一人の生徒を別室に呼んでお菓子を食べさせる。そして食べた後、そのお菓子の名前を言わないで、材料だけを言わせる。

それを聞いてお菓子の名前を当てさせるのだ。最後は音楽の三要素と言われる旋律・リズム・和音にたどりつかせるのが目的だが、授業に遊びが必要なのだ。ただし三クラスあるので三種類のお菓子を用意しないと、事前に情報をもらす生徒がいるので、教師は生徒の裏をかく手だてもいるのだ。

昭和56（1981）年開催の「第26回西部吹奏楽コンクール」では銀賞を獲得した

他の教科にはできないことを、音楽の教師ができることがある。それは全校合唱や「五拍子の舞曲」などで、全校生徒の心を一つにすることだ。私は後輩の音楽教師に「音楽で学校を乗っ取れ」と檄《げき》を飛ばしたりしている。

吹奏楽の指導もそうだ。バンドを起ち上げた当初は生徒一人ひとり、手を取って教えていたが、翌年からは先輩が教えてくれるので、私は段々楽になってきた。

一年生の入学式に吹奏楽の伴奏で二・三年生が誇らしげに歌う全校合唱を聞かせると、効果てき面、新入部員が吹奏楽部に多数入って来た。総部員数六十人と、全校三六〇人の六分の一を占めるまでになった。一クラス六人の部員がいることになると、段々と授業はし易くなっていった。吹奏楽コンクールではいつも北九州代表の座を手にしていた。九州大会で銀賞を受賞したこともある。

附中時代、私は何かを作り上げたという確かな達成感があった。私にとって附中の毎日は緊張と充実の楽しい日々だった。好きな音楽を飯の種にして、給料が貰えるのだからこんないい商売はない。音楽の教師の道を選んだことは正解だったと思っている。

（二〇一三年春）

# 教育論

## 心に残る母親

「人間は生きているんだから、時には心も病気になり過ちも犯す。自分の過ちを素直に認め、お母さんやお店の人に謝れば許してくれると思う。謝るには勇気がいるぞ、どうだ」

担任の先生が万引きをした中学二年のW君を指導している。

素直に反省する生徒は必ず立ち直って、二度と万引きしない。学校はこの万引きを教材にして、社会的な責任のとり方や、人間としてのあり方を教えようとしているのだ。

母子家庭の母親は、息子W君の万引きの事実を知って、その心痛は並大抵ではなかったが、翌日早朝、W君はなんと頭を丸坊主にして母親と二人で、校長である私の登校を不安げに待っていた。

「万引きしたことは悪いが、丸坊主になって反省した君の態度は立派だ。感心した。そんな君を育ててくれたお母さんは素晴らしい。お母さんの期待を裏切ったのだから、まずお母さんに謝りなさい」。校長に叱られると思ったのに、ほめられた二人に笑顔が帰ってきた。

お母さんは昨夜のうちに、子供を連れて万引きした店と、派出所に謝りに行っているのだ。母親が土下座せんばかりにして、我が子の犯した罪を謝る姿は、子供の心に一生焼き付くだろう。そこまで徹底的にやると、子供は二度と万引きしなくなる。

一般人が社会的に罪を犯したとき、まず刑事罰・民事罰（弁償）・社会罰（会社からの罰）があるが、子供の場合、親の期待を裏切ったという罰もある。万引きを教材にして指導すればマイナスがプラスに変わるのだ。それをこのお母さんは見事にやりとげたのだ。

私が万引きをした生徒を指導する場合は、まず帰宅したら、万引きした事実と先生に叱られたということを自分の口から親に言い、その後学校に電話して貰うように指導する。

子供は夕食を前にしてもじもじしながら、小さな声でお母さんに言う。この躊躇する時間が大切なのだ。心の中で善と悪との葛藤があって、子供自身が苦しんで、落ち着かないでおろおろする場面なのだ。

賢いお母さんは「このことをお父さんにも自分の口から言いなさい」と子供をさらに追い詰める。そして学校へ電話してくる。これでこの子は立ち直る。

ところが中には「今回の万引きのことはお父さんには言わないから、今度から絶対に万引きしてはだめよ」で収める母親もいる。私にすれば立ち直りの折角のチャンスを生かしていない、もう一歩踏み込めばと思う。過保護の母親の典型である。

W君は友だちに坊主頭を冷やかされながら、ニコニコ顔で教室に入っていった。母親は担任の先生に何度も何度も頭を下げながら帰っていった。母親の息子に対する毅然たる姿勢に一番感動したのは先生たちだった。

「ほろほろと泣きながらお袋は非行少年の俺に言った　人さまの物を盗むなんて　さ、死になさい　私も死ぬから」江口龍路（草壁焰太編詩集『一度だけお母さんへ』山と渓谷社）の詩を読みながら、三十年前のあの母親の姿をふと思い出した。

（二〇一一年五月三十日）

# ぼくお母さんの宝やめる　浅川公民館家庭教育学級閉級式講話

子どもは生まれた瞬間から、自立の訓練を始めなければならない存在なのです。大自然における、野生の動物の子育てに見られるように自分の足で立って、外敵から逃げなければ食われてしまう。だから親も子も必死に、自立の営みを始めるのです。お母さんがよくやる「いないいないばー」は、その第一歩かもしれませんね。

「ぼく　おかあさんの宝　やめる」（反抗／中野宏基／四歳／読売新聞より）。本人より辞職願いが出ました。これは「言葉になった子どもの声」ですが、この子の声に母親は強いショック受けたのでしょう。それで新聞に投書したのです。

「宝やめる」の言葉には、日頃の親子関係が何となくわかりますね。「お母さんの宝」と言われる度に何らかの行動が制限され、子どもにとって、その言葉が重荷になっている。あらゆる行動が縛られる。自由に振る舞えず、迷惑である。もっと自由が欲しい。「おかあさんの宝になっても、ちっともいいことない。もうそんな甘い言葉にはだまされんぞ」「俺は男だ」と言っていっているのでしょうか。これで一生終わったら僕の自立はなくなると、四歳にして悟ったのです。こんな親は、過干渉型と言えるかもしれません。

原田正文著『図解不登校をプラス思考でのりこえる』（農山漁村文化協会）の本の中に「こうして育てられた子はお母さんにほめられることを優先するようになる。お母さんの期待する子どもになろうとする。この結果心因性の視力障害などが起こる」とあります。

先日あるスーパーで面白い親子を見ました。お母さんが小さい子供を買物用のカートに乗せて、品物を手あたり次第次々にカートに積み込んでいます。そのそばで五歳位の男の子（A君）が、お母さんに向かって「買うな買うな」と大声で叫んでいるのです。どうもその状況からして、A君は自分の欲しいものを買ってくれないのに、お母さんは次々と品物を買っている。それが許せないのでA君は「買うな買うな」と店内に響き渡る大声で、叫ぶ作戦に出たのです。A君の怒りに満ちたその声は、店内のお母さんたちの笑顔になって、反応があったことは確かです。

A君のお母さんは買い物を済ませてレジ袋に、買い物した品を詰め込んでいます。でも視

# 謹　賀　新　年

お幸せをお祈り申し上げます。

平成７年 元旦

目下武者修行中

A君　4才の詩『反抗』

ぼく　おかあさんの宝 やめる

読売新聞より

「親」という字のなりたち

立と木で 亲

立《た》っている木のこと。

と

→ 見

人《ひと》の上《うえ》に 大《おお》きな目《め》のついたかたちで、みること。

で

親

立《た》っている木のよこで、いつも目《め》をはなさずにみてくれている人《ひと》のことから〈おや〉のいみになった。

偕成社「漢字の本」より

名田 惣二郎

武者修行中のA君

線はどこか遠くで叫び続けるA君を探しているのです。A君は次にお母さんを困らせようとして、遠くに隠れる作戦に出たのです。お母さんは品物を見もしないでレジ袋の中に手当たり次第に入れるので、袋の中はもう無茶苦茶になっています。

私は思わずお母さんの所に行って「A君は立派だ。あの年でお母さんに正々堂々と反抗する子は素晴らしい。この前向きな態度で生きていけば、立派な大人になりますよ」、そしてA君には「君はえらい、お母さんに負けるな、がんばれ」と言おうとしたら、妻から「いたらんことをしなさんな」と止められた。

あるスーパーマーケットでの出来事です。

ポニーテールの髪と可愛い衣装で飾り立てた、三〜四歳くらいの女の子と、若いお母さんが買い物をしています。お菓子売り場にくると、ポニーちゃんはお気に入りのお菓子を、しっかりと胸に抱えて動かなくなりました。お母さんが何か言い聞かせていますが、時間とともに状況は段々険悪となり、ポニーちゃんは突然、店内に鳴り響くような大声で泣きわめき、飛んだり跳ねたりして、わがままを通そうとし始めました。

丁度そのそばを通りかかった同年輩の女の子が、母親とポニーちゃんの仲を取り持とうとするかのように、首をかしげて顔をのぞき込んで「どうしたの」というのです。女の子らしい優しさがうかがえて、ほほえましい場面もありました。一部始終を見ていた、初老の女店員が「たたけばいいのよ、今のお母さんのしつけは、手ぬるい」と私に聞かせるようにいうのです。母親の権力で押さえ付けてしまえということです。

母親はいたたまれず、客のいない片隅に連れて行って、しゃがみ込んで何か言い聞かせているようですが、声は聞こえません。やがて「お家がいい」というポニーちゃんの声だけが聞こえてきました。恐らく「いうことを聞かない子は、置いて帰る」とでも言われたのでしょう。

やがて話はついたのか、ポニーちゃんは先程のとは違う、一回り小さな菓子袋を、しっかりと胸に抱いて泣きじゃくりながら、手を引かれてレジへ向かっていました。

最近、問題になっている不登校の子どもには、反抗期を経験しない傾向が多く見られます。反抗は自我の芽生えであり、自立の過程には必要不可欠な営みです。その立場から見れば、反抗を貫き通したポニーちゃんは健全だし、駄目なことは駄目と、子どもの前に立ちはだかった母親も立派だと思うのです。横から妻は「子育ては毎日毎日、この積み重ねなのよ」と言いますが、これから先第二反抗期も待っています。前途多難だが、両者に負けるなと声援を送りたいと思いました。

（一九九四年十二月一日）

# たっちゃんの宝物

隣家のたっちゃんは六歳、目下生き物に夢中である。虫だけでなく、時には蛇を持って帰って来て、お母さんに悲鳴を上げさせたりしている。たっちゃんの手元にある昆虫図鑑は、研究熱心の彼が、虫を捕ってきては調べるので、もうぼろぼろになっている。そんな昆虫博士のたっちゃんは、私をかぶと虫捕りの名人として尊敬している。なぜならば、めったに捕れないかぶと虫を沢山くれるからだ。

かぶと虫を貰った時子供たちの反応は、「ありがとう」と言って帰っていくが、たっちゃんの反応は、他の子供とちょっと違う。「おじさんはこのかぶと虫をどこで捕ったの」と、しつこく聞くのだ。彼は私から、かぶと虫をもらうより、自分で見付けて、自分で捕りたいのだ。つまり魚一匹貰うより魚の釣り方を教えてもらえば、後は自分で何匹でも釣れる（孔子の言葉）と思っているからだ。

# 謹 賀 新 年

お幸せをお祈り申し上げます。

平成５年元旦

（クラスマッチの応援）

宝という字のなりたち

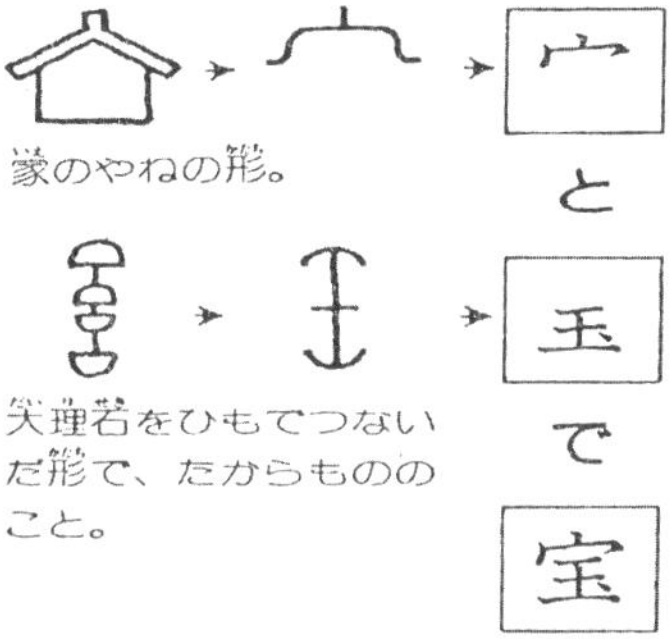

家のやねの形。
宀
と
玉
で
宝
大理石をひもでつないだ形で、たからもののこと。

家の中に大理石などの宝石があることで、これは家のたからだということから〈たからもの〉の意味をあらわした。

漢字の本　偕成社より

子どもといういのちの袋の中には、いろんな宝物が入っている。にもかかわらず、子ども自身でさえ、その宝物のすばらしさを知らずにいる。

東井 義雄

名田　惣二郎

子どもたちは無限の可能性を秘めている

私はかぶと虫をもらうだけで満足する子供よりは、たっちゃんのように、探求心の強い、たくましい子供に心ひかれる。

幼い頃から、こうして直接生き物に接して育つという体験は、とても大切なことなのだ。一口に虫を捕るといっても、子供にとっては、なかなか大変なことだ。虫だって捕まりたくはないので、必死に逃げる。それを捕まえるには、相当の知恵と技術が必要なのだ。こんなことは、自分で工夫しなければ、昆虫は採れない。

学校で習うことは、知識が中心で、それを生かして使う知恵までは教えてくれないところで、現在の教育は、知識を注入する教育に偏っていると言われる。その結果、答えを求める過程が軽視され、答えだけ教えてくれればよい、とする子供たちが多くなっているという。子供たちが社会に出ると、答えのない困難な問題に出合う。そんな時に、力を発揮する学力とはどんな学力なのか。ジェームス三木は「真の学力とはトラブル解決能力だ」と言っている。このように学力を、幅広い能力として、捉えようとする新しい学力観が今盛んに言われるようになってきた。

近所の子供たちは、毎年夏になると、私に「まだかぶと虫は捕れないの」と催促したりする。しかし、本当のことを言うと私はただ、腐葉土の上に網をかけてかぶと虫を養殖しているだけなのだ。だから、かぶと虫を捕るコツは知らない。けれどもそのことを言うと、かぶと虫捕り名人の権威は地におちて、私は子供たちから尊敬されなくなってしまう。だから当分はそのことは秘密にしておこうと思っている。しかしそれよりも、もっと心配なことは、たくましい自然児である、たっちゃんの縄張りは、最近段々と広がりつつある。やがて私の秘密の畑のかぶと虫養殖場を見付けて、一網打尽に捕って行くのではないかとヒヤヒヤしている。

たっちゃんは今日も生き生きと虫捕りに出掛けていきました。夕暮れどき、たっちゃんは宝物を、虫かごやポケットに一杯入れて、目を輝かせて、帰ってくることだろう。

（一九九四年九月一日）

# 落書き消しで、立ち直る学校

私が校長として初めて赴任したY中学校は、かなり荒れていた。三年生が卒業した後の新二・三年が始業式にやってきた。玄関先は生徒の自転車で、人が入ってこられない状態だった。壁は落書きだらけ、どこから手を付けたらよいのか、とまどった。

先生方は日常的な光景として気にしていない様子。それが異常だと先生達は気付かない筈はない。教頭に聞くと自転車の校門放置は何時ものとおりですと言う。

翌朝から私は生徒の登校する前から校門に立って生徒に「おはよう」と声掛けを始めた。最初に反応したのは玄関に自転車を置いていた生徒だった。その生徒たちは自転車を玄関に置くのは悪いという意識はあったのだ。一台ずつ減ってきて三カ月後には一台もなくなった。私はそれを四年間続けた。冬の寒い日ある男子生徒が「校長先生寒いやろ」と言って、背中に貼るカイロを手渡してくれたこともある。その子の心温まる思いが印象深く頭に残っている。

教頭は喜んで玄関に菊の花壇を作ってくれた。目に見える成果は効果がある。全校生徒も通りかかる人たちも学校が何か変わりつつあると感じてくれたと思う。

これまでに生徒が先生方に暴力を振るうことが、年に数回あっていたようだが、今までは教職員はなすすべもなく、その事件を学校や自分の恥と考えたのか、何も手を打たなかった。

私はそれを見逃さず、警察の少年係と連携して対応したので、その後は一件もなくなった。教師の権威を失った学校は、学校ではない、許せないという私の強い思いは、警察もよく分かってくれて、快く助けてくれた。卒業式には三人の警官が私服で警備に当たってくれた。

五月に修学旅行があった。ここでもトラブルがあった。内容は個人情報に関わるので省かせて頂くが、まだ携帯電話もなかったので、やむを得ず新幹線の電話で教頭に対応策を指示した。後日教育委員会から電話があり、新幹線から学校へ電話したようだが、何事かと厳しいお叱りの電話があったが、事情を話すと納得してくれた。後輩の一・二年生には学校側の毅然たる態度もよく伝わったようだった。

私がY中に赴任する前の春休みに、市教委は校内の荒れ果てた便所を全面的に改修してくれていた。教師の中には、あの便所は閉鎖して使用禁止にした方がよい、またすぐに壊されると、忠告してくれる人がいた。その忠告の通りに四月末男子便所の小便器の一つが壊されて、これ見よがしに廊下に置かれていた。反抗期の生徒が学校の対応を見ようとしたのだろう。私は早速小便器を購入して、元の通りに修復した。しばらくして市教委から小便器を買うとは、どういうことかと問い合わせがあった。実態を話すと納得してくれた。それ以来便所の破壊はピタッと止まった。壊した生徒は私たちがどのような反応するか、どこか遠くから監視していたに違いない。私の趣味の一つは日曜大工だったので、仕事は簡単だったし、苦にならなかった。

次の課題は落書きだ。早速ペンキ塗りを始めた。放課後や土曜日の午後に作業をしていたのだが、夏休みになると生徒の数人や教師が手伝ってくれたので、二学期は落書きが一つもないきれいな壁になっていた。たまたま訪ねてきたＰＴＡ会長は、私のペンキで汚れた作業服で校長室にいる姿を見て、「恥ずかしいから、その服装は止めてくれ」と言ったが、校内では当たり前の服装で、校長がペンキで落書き消しをしていると生徒は分かってくれたようだ。

折角きれいな壁になったので。私は美術の教師に生徒の手作りの壁画を掛けることを提案した。その教師は私の提案に乗って協力してくれることになった。私は畳二枚分のベニヤ板

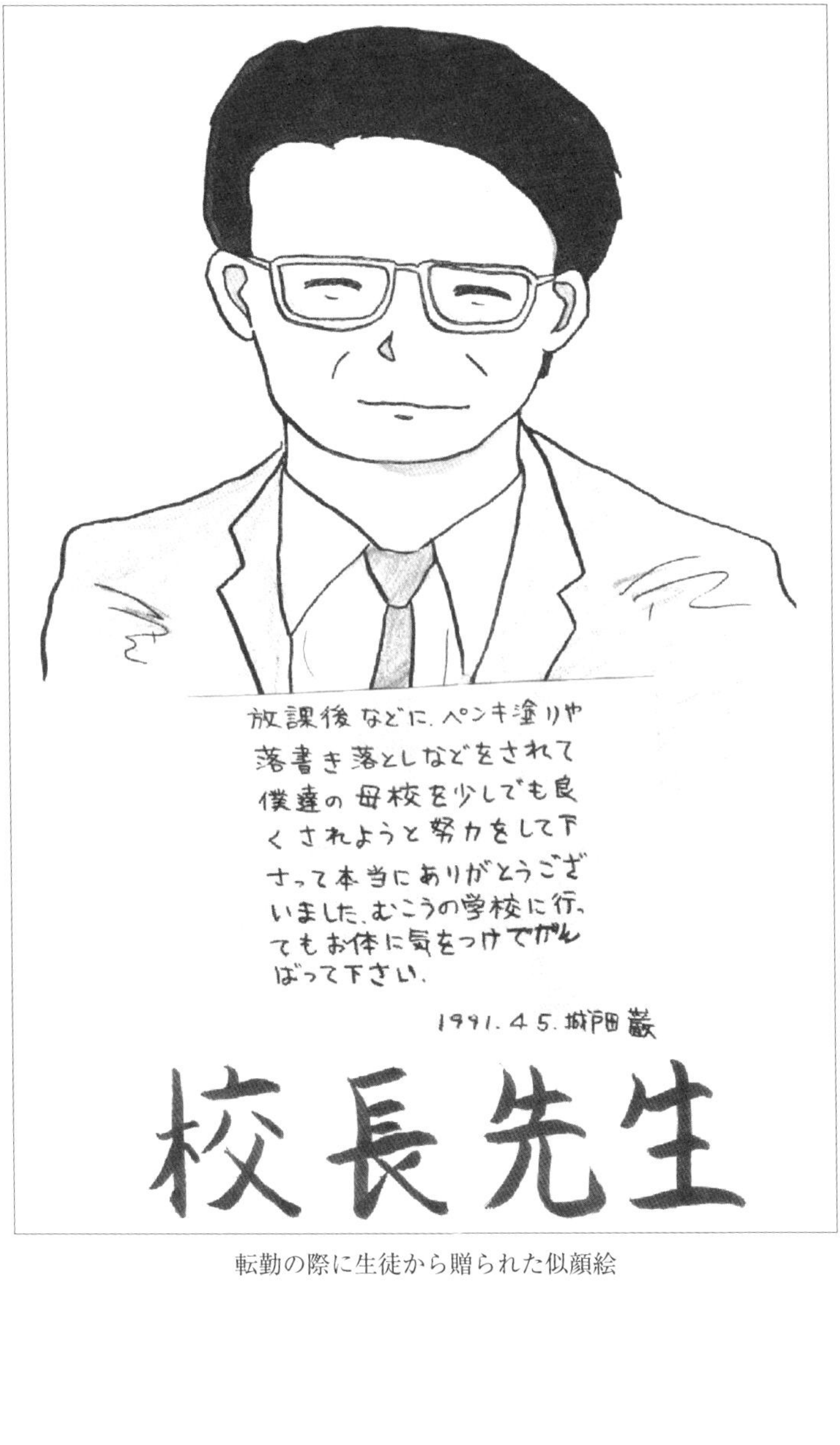
放課後などに、ペンキ塗りや
落書き落としなどをされて
僕達の母校を少しでも良
くされようと努力をして下
さって本当にありがとうござ
いました、むこうの学校に行っ
てもお体に気をつけてがん
ばって下さい。
1991.4.5. 城戸田巖
校長先生

転勤の際に生徒から贈られた似顔絵

に縁取りし画板を作った。生徒の手による一枚目の作品ができたが、その作品に美術の教師が少し手を入れて、立派な壁画ができた。それは長い廊下の突き当たりの壁一杯に掲げられ精彩を放っていた。最初に壁画を描いたのは先生たちに手を焼かせていた「やんちゃ坊主」の一人だった。

それにつれて壁画を描きたい生徒が次々に表れて、私に画板を作って欲しいとの申し出があった。たちまち十五枚の壁画が校内を飾ってくれた。生徒の描いた壁画には誰も落書きをしなかった。壁画で生徒の心に、ぼくも私も「壁画を描きたい」という思いが育ってきた。教頭は一年生に菊づくりを指導して、秋には玄関は菊の花壇で飾りつくされ、玄関の風景は一変した。

壁画の手ごたえを感じた私は、玄関に入った真正面に畳四枚ほどのベニヤの画板を作って正面玄関に設置した。画題と指導は美術教師に任せて、船のタイル画を作ることになった。下書きに従って、通りかかる生徒や来校した保護者も、喜んでパズルを解くように空間に当てはまる色や形の、小さなタイルの破片を探し出して張っていった。その壁画にはだれもいたずらをしなかった。Y中のシンボルとして宝物のように光り輝いて見えた。

これだけのベニヤ板やペンキを買ったので、市教委がまた何か言ってくるぞと思って待っていたが、何にも言ってこなくなった。そして「F中にはなんぼお金をやっても、惜しくない」と言う市教委の一職員の声を耳にした。そして年度末には、「予算が二百万円あるが使うところがあるか」と聞いてきた。市教委も陰から応援してくれていたのだ。ただちに体育館の照明設備などの改善に当てさせてもらった。そして翌年には柔剣道場も建ててもらった。

これで外見はよくなってきたが、本当に改善しなければならないのは教育の中身だった。当時Y中は四十五分授業だった。市内七十数校ある中学校で四十五分授業は二校だけだった。これを五〇分授業にすることを私が提案したが、教員は全員反対した。

生徒の能力や集中力からして五〇分授業は無理だというのだ。その問題で何回か職員会議を開いて、説得したが動かない。その時期にたまたま新任の教育長が市内のいくつかの学校の視察で本校に見えた。土曜日の午後、校長室で教育長と話している最中に、教頭が印刷中の生徒会新聞をもってきた。「五〇分授業反対、職員の中で賛成者は約一人いる」と書いてある。すぐに印刷を止めさせ、私はその新聞をなんの説明もせず新教育長にお見せした。

私は自分の学校の恥をさらすことになるとは思わなかった。この問題は必ず解決してみせるという、私の決意表明なのだ。生徒の後ろで一部の教師が、生徒会を操作していることは明らかだ。職員会議の内容を生徒が知っていることがおかしい。

これまで保護者と学校の連携をよくするという名目で、学年主任と学年のＰＴＡ役員との会合を持っていた。校長には知らせずに、会合は持たれていたようだ。私はそれを知って強引にその会に参加した。ある学年主任は、生徒は一年前に比べて、素晴らしく良くなっていると報告をした。ＰＴＡ役員の一人から「たばこの吸い殻が沢山あると聞いたが本当か」と聞いてきた。私は「その通りです。バケツ一杯あります」と答えた。事実を知ってもらって、私は「学校正常化に取り組んでいるので保護者も協力して欲しい」と要望した。

質問した保護者は校長がどういう対応するのか試しているのだ。教員が学校の実態を知られたくないので、隠していることを校長は知っているのかと聞いているのだと思ったのだ。

その後私とＰＴＡ役員とのパイプがつながってきたことを私は実感した。それ以来学年ＰＴＡの会合には学年主任は参加しなくなった。

高校入試直前に、三年生のＰＴＡ役員三人が私に尋ねた。

「高校入試の内申書はもう提出しましたか」

「出しましたよ」

「それなら、もう何を言ってもいいですね」

と言って、保護者から見た本校の情けない実態を縷々話し始めた。それは荒れた学校の実態を思い知らされる言葉だった。保護者は担任に自分の子供を人質にとられて、今まで何も言えなかったのだ。保護者の私への応援のメッセージだったと思う。

Y中で初めて校長としての仕事を経験したが、私は苦しいとは思はなかった。ここでもあの大学時代に比べてみれば何のことはないと、むしろ面白がって仕事をしたと思う。Y中は見違えるほど改善したと、地域の人々も認めてくれたのが嬉しかった。

壁画に向日葵の大輪を描いた生徒の母親が、あの壁画が欲しいと言ってきた。それを渡すわけにはいかないので、四分の一大の画板を作ってもう一度その子に向日葵を描かせて、家に持ち帰らせた。その壁画はいつまでもお母さんの宝物として大切に飾っていることだろう。それをきっかけにその子は私の落書き消しを手伝い始めた。また一人味方が増えた。私はY中の改革に確かな手ごたえを感じて、次の学校に転勤していった。

（二〇一二年夏）

# 今、玄関がきれいです!!　横代中・美術教育

「どの学校も落書には、手をやいていると思います。本校でも職員の手による落書き消しの毎日でした。」と語るのは横代中学校の名田惣二郎校長です。しかし、現在の横代中は、ユニークな落書き防止対策を実践し着実に成果をあげてきています。

名田校長の話では、日頃落書をする生徒に壁塗りを手伝わせると、落書の量は減ってはきましたが、決定打が見つからなかったとのこと。そんなとき、「生徒の落書へのエネルギーを他の方向に向けては」という太田祐司教諭（美術科担当）の提案で、今回のアイデアが生まれました。

具体的には、ベニヤ板二枚を金具でつないでパネルにし、それに生徒たちが絵を描き、廊下などの壁に設置しようというものです。

教職員広報　昭和63年11月25日

今、玄関がきれいです!!

横代中・美術教育

▲太田教諭(写真)の指導のもと玄関にこんなに大きなタイル画が飾られました。

「どの学校も落書には、手をやいていると思います。本校でも職員の手による落書消しの毎日でした。」と語るのは横代中学校の名田惣二郎校長です。しかし、現在の横代中は、ユニークな落書防止対策を実践し着実に成果を上げてきています。

名田校長の話では、日頃落書をする生徒に壁塗りを手伝わせると、落書の量は減ってはきましたが、決定打が見つからなかったとのこと。そんなとき、「生徒の落書へのエネルギーを他の方向に向けては」という太田祐司教諭（美術科担当）の提案で、今回のアイデアが生まれました。

具体的には、ベニヤ板二枚を金具でつないでパネルにし、それに生徒たちが絵を描き、廊下などの壁に設置しようというものです。

「落書対策」のために思いついたパネル画は、もともと落書ができない場面を設定することが第一の目的でしたが、名田校長によれば「生徒の中には、自主的に壁塗りをし、校内美化に目を向けようという姿勢が培われてきた」ということです。

これまでに作られ掲示されたパネルは十五枚、廊下や玄関の横などに飾られています。今年の十月末には、約六畳の広さのタイル画が玄関に完成しており、来校者は決まって感心の声をあげるとのこと。

横代中の試みは「落書対策」から「美術教育」、さらには、「生徒の自主性の育成」へと広がりを見せて、環境整備のみならず、生徒指導上の効果も上りつつあるようです。

落書き対策への取り組みが、昭和63（1988）年11月25日付「教職員広報」に掲載された

「落書対策」のために思いついたパネル画は、もともと落書ができない場面を設定することが第一の目的でしたが、名田校長によれば、「生徒の中には、自主的に壁塗りをし、校内美化に目を向けようという姿勢が培われてきた」ということです。

これまでに作られ掲示されたパネルは十五枚、廊下や玄関の横などに飾られています。今年の十月末には、約六畳の広さのタイル画が玄関に完成しており、来校者は決まって感心の声をあげるとのこと。

横代中の試みは、「落書対策」から「美術教育」、さらには、「生徒の自主性の育成」へと広がりを見せて、環境整備のみならず、生徒指導上の効果も上りつつあるようです。

（一九八八年十一月二十五日付「教職員広報」第二一五五号）

## 出力

花がいっぱいの季節になった。サクラはうすいピンクの花を誇らしげにつけ始めている。その下で、人は別れを惜しみ、新しい出会いに胸ふくらませる。花に劣らず、絵がいっぱいの中学校が小倉南区にあると聞いて出かけてみた。

◇　◇

横代中学校（名田惣二郎校長）。玄関を入ると正面に、ドーンと大きな帆船のタイル画が目に入る。約四百五十人の生徒はむろん、教職員、ＰＴＡ、来客が「私も」と約一万枚の小片が見事に組み合わされている。約四カ月がかりで今年の一月に完成した。その両側だけでなく、廊下や階段など校舎内にはベニヤ板を張り合わせた即製カンバスに描かれた風景、役者絵、メルヘンタッチの二十五枚が掲げられ、美術室ではさらに四、五枚を生徒たちが制作中だった。

名田校長が着任した一昨年春、校内は荒れていた。たばこの吸いがらや菓子の食べカスは散らばり、爆竹は鳴る。落書きはいたるところにあった。名田校長は、登校すると背広を作業服に着替え、落書きを消して回るのが〝日課〟だったという。

消しても消しても後を絶たない落書きに手を焼いた名田校長に、ヒントを与えたのは美術担当の太田祐司教諭（三一）だった。

太田「落書きはさせんといかんですよ」

名田「そんなもんかい。いっそ落書きコーナーでも作るか」

太田「つまらんことを書かせるなら、絵を描かせたらどうですか」

ベニヤ板二枚を張り合わせた一・八メートル四方の即製カンバスを作り、生徒に呼びかけた。すると、名田校長が「感動的だった」と振り返ることが起きた。三年生では五人の内に入る「ワルソ」だった男子生徒が「描かせてくれ」と名乗りを上げた。夏休み中、学校に出てきて、職員室に飾ってあったトルコキキョウの花を描き始めたのだった。九月に完成、廊下に飾られた彼の絵に、本人は誇らしげ、他の生徒の見る目も変わったという。

ペン&ぺん

出力

花がいっぱいの季節になった。サクラはうすいピンクの花を誇らしげにつけ始めている。その下で、人は別れを惜しみ、新しい出会いに胸ふくらませる。花に劣らず、絵がいっぱいの中学校が小倉南区にあると聞いて出かけてみた。

◇　◇

横代中学校（名田惣二郎校長）。玄関を入ると正面に、ドーンと大きな帆船のタイル画が目に入る。約四百五十人の生徒はむろん、教職員、PTA、来客が「私も」と約一万枚の小片が見事に組み合わされている。約四カ月がかりで今年の一月に完成した。その両側だけでなく、廊下や階段など校舎内にはベニヤ板を張り合わせた即製カンバスに描かれた風景、役者絵、メルヘンタッチの二十五枚が掲げられ、美術室ではさらに四、五枚を生徒たちが制作中だった。

名田校長が着任した一昨年春、校内は荒れていた。たばこの吸いながらや菓子の食べカスは散らばり、爆竹は鳴る。落書きはいたるところにあった。名田校長は、登校すると背広を作業服に着替え、落書きを消して回るのが〝日課〟だったという。

消しても消しても後を絶たない落書きに手を焼いた名田校長に、ヒントを与えたのは美術担当の太田祐司教諭(三二)だった。

太田「落書きはさせんといかんですよ」

名田「そんなもんかい。いっそ落書きコーナーでも作るか」

太田「つまらんことを書かせるなら、絵を描かせたらどうですか」

ベニヤ板二枚を張り合わせた一・八㍍四方の即製カンバスを作り、生徒に呼びかけた。すると、名田校長が「感動的だった」と振り返ることが起きた。

三年生では五人の内に入る「ワルソ」だった男子生徒が「描かせてくれ」と名乗りを上げた。夏休み中、学校に出てきて、職員室に飾ってあったトルコキキョウの花を描き始めたのだった。九月に完成、廊下に飾られた彼の絵に、本人は誇らしげ、他の生徒の見る目も変わったという。

名田校長は言う。「あれには正直、驚いた。今の子供たちは教え込まれ、規制されるばかり。表現する場が少ない。入力だけでは子供も息が詰まる。出力させてやらないと」

だが、名田校長に案内されて絵を見て回った際、非情な現実に出くわした。今は使用されていない旧特別教室前の廊下で、一見して「ワルソ」の六、七人がたむろし、加わっていた卒業生の一人がたばこをふかしていた。「恥ずかしいことです」と、寂しそうな表情を浮かべた名田校長の顔を忘れることはできない。

◇　◇

タイル画の帆船の船体に赤色で「DREAM」と描かれていた。〝夢〟で終わらせない、横代中の取り組みに期待したい。

（卓）

「毎日新聞」にも掲載された落書き対策取り組みの記事（平成元〈1989〉年３月26日）

名田校長は言う。「あれには正直、驚いた。今の子供たちは教え込まれ、規制されるばかり。表現する場が少ない。入力だけでは子供も息が詰まる。出力させてやらないと」

だが、名田校長に案内されて絵を見て回った際、非情な現実に出くわした。今は使用されていない旧特別教室前の廊下で、一見して「ワルソ」の六、七人がたむろし、加わっていた卒業生の一人がたばこをふかしていた。「恥ずかしいことです」と、寂しそうな表情を浮かべた名田校長の顔を忘れることはできない。

◇　◇

タイル画の帆船の船体に赤色で「ＤＲＥＡＭ」と描かれていた。〝夢〟で終わらせない、横代中の取り組みに期待したい。

（一九八九年三月二十七日付「毎日新聞」ペン＆ぺん）

あけましておめでとうございます

皆々さまのご多幸を心よりお祈り申し上げます。

昭和 60 年 元旦

思い出の向う側から
一人の少年が走ってくる
あれは白い運動ぐつを
初めて買ってもらった日の
私かも知れない
白い布に草の汁を
飛び散らせながら
あんなにも
あんなにも嬉しそうに
〝今〟に向かって走ってくる

星野富弘

名田惣二郎

パワーがはじける運動会

# 答えのないテスト

平成十一（一九九九）年夏、国立北九州工業高等専門学校のあるグループの学生と先生方に、話をする機会が与えられた。テーマを何にしようかと、高専の校内新聞を見ると、一面トップに「試験対策の丸覚えの勉強はやめよう」とある。私は、教師が丸暗記をしても役にたたないような問題を考えればよいだけなのにと思った。いつもの私の反骨精神がむくむくと頭をもたげ、執筆者に反論したくなる。この記事を話題にすれば、話すことはいくらでもある。

画一的な教育をやめて、個性を育てる教育をと言われて久しい。私は答えが一つだけ、といった教育をしていたのでは、個性は育たないとの思いが強かった。三十数年前の小倉附中での私の試みを話して、学生や先生方の反応を見たかった。私はかねがね、自分自身の音楽のペーパーテストの問題は、暗記力のテストにすぎない、音楽の本当の学力（楽力？）を評価できる問題はないものかと考えていた。

そんな私は気持ちの高ぶりを押さえきれず、ある日生徒に「次の定期考査からはノート・教科書・辞書など試験場に持ち込み自由」と宣言してしまった。生徒は喜んだが、私はまだ問題も考えていなかった。

苦しんだ末、考え出した問題の例を挙げると「ベートーベンの『運命』の第一主題と第二主題は対照的に作られているが、放送を聞いてそれを音楽の要素に分析して三〇字以内で書きなさい」（正解は第一主題は短調・リズム強調。第二主題は長調・旋律的など）。あるいは「次のメロディを笛で吹いてみて、間違っていると思う音符を直しなさい」などである。三学年分の問題を考えるのは大変だった。しかし生徒の手応えはあった。正解がないからテスト中、書いては消し書いては消し、五十分の時間をだれも、もてあまさなかった。私は生徒に対する問いは、生徒に対する攻撃であり、攻撃された側がいつまでも答え続ける問題が、いい問いだと考えていたので、いつまでも考え続ける生徒を見てよろこんだ。

ところが試験後答案を前にして、今度は私が頭をかかえこんだ。文章表現を客観的に点数化することはむつかしい。さらにテスト用紙を返した後、採点に納得しない生徒が次々にやって来て「僕のどこが間違っているのか、僕はこう思う。絶対僕の方が正しい」と言い張る。私は生徒の主張を育てることで、個性も育つと思っているので、生徒の反論こそ意味があると考え「まだそれぐらいではもの足りん」と突っ返す。私を何とか説得して点数を上げようとして、引き下がらない生徒の方がたのもしい。

そんなやりとりの中で「ベートーベンの音楽はカラーじゃなくて、白黒テレビだ」と言った生徒がいた。形式美の古典的な音楽と、色彩的な近代和声の音楽との対比を指摘しているように思われ、生徒の鋭い感性に私はハッとした。「面白い、もっとみんなにも分かるように話して」とさそうと、言葉を探してけんめいに説明する。次の時間には現代音楽のレコードを持参して皆に聞かせていた。この取り組みで、生徒一人一人の様子が、少し理解できたように思う。

「実社会では答えのない問題ばかりだ。答えが一つの勉強ばかりでは、画一的な人間になる」と、私は話を結んだ。後日よせられた学生の感想文は「自分の考えと先生の考えが非常に似ている。特に〝答えのない問題〟は共感した」などと学生の多くが賛同してくれた。

「素晴らしい質問ができた時、その先に素晴らしい答えが用意されていると言ってもいい」佐藤雅彦の著書『毎月新聞』（中央公論社）の中の一節に、我が意を得た思いで大きく赤線を引いた。

さらに平成十六（二〇〇四）年三月十一日の朝日新聞夕刊に「アホの壁」と題して山口大学工学部、栗井郁雄教授の「すべての科目で教科書やノートを持ち込める試験をするなど、記憶主義から脱却を」との提案が載っていた。うれしくなって新聞を切り抜き、栗井教授にこの文章を送った。

（二〇〇三年九月二十五日／二〇一三年四月三日加筆）

# 九重登山の思い出

三年生を卒業させるにあたって、一番印象に残る出来事と問われれば、「九重登頂の快挙」がある。一七九〇メートルの項上を極めたのであるから、すばらしい快挙と言えよう。とこまで書くと多少後ろめたさが残る。心の中では全員遭難寸前、命からがら逃げ出した登山だとも思うが故に。

ともあれ山の恐ろしさを思い知らされた登山であり、私にとって命の縮むような体験であった。未だにその時の様子を鮮明に思い出す。

七月十三日、午前六時起床。全員の健康観察ＯＫ。まだ薄暗い長者原キャンプ場を出発。朝もやの中を、Ｋ先生をリーダーとしてまずは牧の戸峠を目指して登頂を開始する。下界の暑さに比べ十月中旬の涼しさである。まことに快適。歌を歌ったり、おしゃべりしたり、それぞれ思い思いのカラフルな登山姿でにぎやかな長蛇の列が続く。八時過ぎ牧の戸着、長者原を見下ろしながらカンパンの軽食をとる。

そのそばを大分県の中学生の一団が、トレパン、トレシャツ、運動靴姿で何の装備もつけず、あいさつを交わしながら登山して行く。本校の生徒と比較して余りの軽装備に驚く。薄雲りの涼しい天候に恵まれて全員快調、十時過ぎ、くつかけ山で阿蘇の外輪山を見ながら朝食。阿蘇方面に黒雲が広がり始める。十二時頃九重別れ下の避難小屋着。

その頃より天候があやしくなり、全員雨具を装着する。N先生は念のために携帯無線の電池を入れ替え不時に備える。隊形も先頭にベテランのK先生、S先生、F先生、最後尾にこれも九重登山の経験豊かなN先生を配置し、しょぼ降る雨の中を頂上をめざす。やがて天候はますます悪化し激しい雨の中の急斜面を、肥満体のN君を励ましながらやっとの思いで頂上へたどりつく。

先頭集団は最後尾の到着を十数分も寒さにふるえながら待っている。足の遅い集団が登頂すると直ちに下山に移る。その頃より風雨一段と激しくなり、視界は二メートルがやっとで横なぐりの風雨が頭にかぶったフードを激しくたたき始める。長蛇の列は、一人ひとりがかすかに前を行く人の姿を見失うまいと必死について行く。事態は最悪な状態である。列の中間に位置していたT先生が、危険を察知してストップをかける。やがて後半の一団はまとまって、ひとまず九重分かれ下の避難小屋へ退避しようとするが、避難小屋の位置も定かでない。その頃はもう視界は一メートルほどに悪化していたのでお互に位置確認の笛を吹きながら、全員を避難小屋へ誘導する。

どうしたことか先頭集団は予想に反して避難小屋へ来ていない。ひとまず安心すると共に先頭集団の安否が気づかわれ、不吉な予感がよぎり全身が硬直する。頼みとする携帯無線でK先生を呼びかけるが応答なし。薄暗く狭い小屋の中で身動きもできず立ったままの生徒を励ましながら、ともかく昼食のにぎり飯を口に入れさせる。

やがて、各自持参の細ひもを出し合いつなぎ合わせてそれにつかまりながら下山をしようとして、その準備をしていると、視界も定かでない風雨と霧の中から、市内のS中の生徒が一人、また一人ぽつんぽつんと現われて「前の人はどっちに行きましたか」と自分の行方を確かめながら消えて行くのを見て心配になる。

地形を熟知しているT先生を先頭に下山を開始するが頼るは細いひもだけである。生徒の行動がこのひも一本で統制が取れていると思うと少し安心する。九重別れを下り始めた頃、大分附中の生徒が登山して来る。本校の先頭集団がこの道を通って下山して行ったことを知らされまずはほっとする。

二時過ぎ、すがもり小屋着、全員小屋の中に入れてもらう。先頭集団の置き手紙があり生徒名が記入してある。人員点呼をして全員が無事なことを知るも半信半疑である。まだ一人数えそこねて山の中に残して来てはいないかと一抹の不安が残る。

全員命の縮む思いの登山だっただけに、キャンプに帰ってからもテントの中の生徒の数を何回数えたことか。その晩は先生方みんなで無事を祝って、またこの悪天候の中を登頂した、この三年生のすばらしさをたたえて幾度も乾盃した。

一歩まちがえば大事故につながるような悪天候の中で、見事な集団行動ができたのは生徒の一人ひとりが先生方の指示を信頼して冷静に行動したこと、どんな悪条件にも弱音をはかず、てきぱきと行動したことである。まことにすばらしい生徒達である。また、あの寒さの中で自分は全身ずぶぬれになりながら生徒に防寒具を貸していただいたK先生や、その場その場で適切な指示をしていただいた先生方のすばらしいチームワークがあったからだと思う。

いつまでも思い出に残る登山であった。

（一九八二年秋）

# どっちの味方

教職を定年退職して五年ぶりの平成十（一九九八）年に「心の教室相談員」としてA中学校に復帰した。校内を回ると生徒が「おいちゃん」とか、「名田ちゃん」と声をかけてくれる。先生方は慌てて「名田ちゃんとか失礼よ、お友だちじゃないんだから」と止めるが、私はその呼び方に満足していた。生徒は先生でない第三者の存在が気にいっているようだ。

相談室は生徒の心の安らぎの場でもある。子どもを否定的に見て接すると、二度と来なくなる。子どもたちにとって、ありのままの自分を、受け入れてくれる人がいるだけでうれしいのだ。

私はできるだけ子どもの話を黙って聞いて「そうか、困ったなー」と、聞き役に徹するように心掛けているのだが、ある時女の子が、席替えで先生が好きな者同士にさせてくれなかったといって、担任の悪口を言いにきた。「そうか、困ったなー。しかし好きな者同士と言われても、先生も困るじゃろう」と付け加えたのが悪かった。すると「おいちゃんは先生の味方ね、生徒の味方ね、どっちの味方ね」と食ってかかる。

「そうか、すまんことをした。それじゃ君たちの味方になる。君たちの言い分ももっともだ。今から職員室に一緒に怒鳴り込みに行こう」と言うと「おいちゃん、それはやり過ぎよ」。言いたいだけ言うと「ああ、すっとした」と言って、職員室の前を先生に見つからないように背を低くして帰っていく。娘たちは翌日「おいちゃん、あのことを先生にちくった？」と心配げに聞きに来るところが可愛い。実は私は担任には生徒からこんな相談があったと話している。これがもとで担任に反抗的な態度をとるかもしれないが、温かく接してやってほしいからだ。

こんな開放的な子どもたちは心配ないが、気掛かりなのは閉鎖的で、心を閉ざした子どもたちだ。度々やってきては相談室の戸を開けて、私の顔を見ただけですっと帰っていく子がいた。私が信用できるかどうか、話そうか話すまいか迷っているのだろう。数日間様子を見ながらて待っていると、やがて少しずつ近付いてきて話し始める。

相談が終わって子どもたちが帰ると、私はすぐに彼らの話を克明に記録する。書くことで子どもの訴えを反すうし、子どもと同じ次元で考えたいからだ。子どもは相談しながらも、自分で答えを作ろうとしているものだ。私は時間が掛かっても、彼ら自身の口から答えを引き出した方が意味があると思っている。

また学校に居場所のない生徒もいる。A君は弁当を食べると相談室にすっ飛んで来て、中から鍵を掛けてしまう。「子どもは群れの中で育つ」と言われるが、群れから逃避してくる子どもなのだ。何か集団に適応できない理由があるはずだ。登校してくるだけでも偉いと思って、接することにしていた。中にはテストの点数が悪かったので、叱られるから家に帰りたくないと言って、相談室でオロオロしている子もいる。思わず親をここへ呼んで来いと言いたくなる。私は点数がすべてではないこの子の良さを見つけて、それを褒めてやってほしいのだ。

ある日スカートを短くして、いつも先生を困らせている反抗期の娘B子がやって来た。「こんな寒い日にそんな短いスカートでは、さぞ寒かろう。可哀相に長いスカートを買うお金がなかったたっちゃろ。はよストーブにあたれ」と言うと「おいちゃん違うっちゃ、この方が格好がいいやろ。おいちゃんは分かってない」と言う。

しばらくして、B子が相談室の投書箱に「おいちゃん聞いて、話したいことが山ほどあるんよ」と手紙をくれた。卒業を間近にして私立高校の合格発表など、三年生はそれぞれに進路が開かれていくのに、B子だけは進学先も就職先もなかった。しかし折角私を頼ってきたのに私は励ましの言葉を掛けるだけで、何にもしてやれなかった。

卒業式の後の校門でのお別れの折り、多くの保護者の見ている前で「おいちゃん」と一言いって、五〇キロの大きいB子が力一杯私に抱き付いてきた。ありがとうの気持ちなのか、進路先の不安からなのか、卒業できたのが嬉しかったのか分からないが、今でも心に残る。

私にとって相談員としての三年間の経験は貴重だった。現職の時には気付かなかった子どものの心が、少し分かったような気がする。

（二〇〇四年二月十二日）

# Y中卒業式式辞

皆さん、卒業おめでとうございます。私は只今、本日卒業する一七二人の皆さんに卒業証書を滞りなくお渡ししました。本日をもって本校を巣立ちゆく皆さんに、心からお祝い申し上げます。（以下一部略）

先日、高校入試の調査書を点検していた折、気にかかる調査書が一枚ありました。昭和五十三年度第三回本校卒業生、年齢二十四歳主婦、子供二人、某定時制高校志望、名前はＡさんとしておきましょう。私はＡさんの生き方に興味を持ったので、早速本人とＡさんのご主人に会いに行きました。

Ａさんの実家は貧しくて、本当は普通科に行きたかったのに、公立の商業高校に行きました。けれども商業科は自分に合わないと思って、一年半で中途退学しました。しかし高校を中退したことが悔やまれて、十九歳の時に定時制高校に入りますが、丁度その頃結婚して赤ちゃんが出来たため、これも半年で中途退学します。そしてさらに二十歳の時看護学校に通って、二十二歳の時准看護婦の免許を手にしました。そして二年後の現在、看護婦さんとして働きながら再度定時制高校に入りたいと言うのです。

私はこの人の生き方に感動しました。こうした、したたかなたくましい、これまでの生き方からして、Ａさんは必ずや定時制高校を卒業し念願の大学進学を果たす人であろうと思います。私がそう思うのは、Ａさんの話してくれた言葉の端々に並々ならぬ意志の強さを感じたからです。

Ａさんの言葉を少し紹介します。

「自分に負けてたまるか、苦しい時自分をおだてて〝やればできる〟と自分に言い聞かせて頑張った」

「もし自分がくじけたら、そのくじけた親を見て育つ自分の子は不幸だな、頑張らなければいけんと思った」

「貧乏だったことが逆にプラスになったと思う。そんなことで親を恨んでも仕方がない。貧乏は決してマイナスだけではなかった」

「どこまでやれるか自分を試したい」

私はこの言葉に深く感動し、思わず「あなたの話を生徒に話して、こんな立派な生き方をする先輩がいると伝えたいのですが」と言ってしまいました。そして本人のお許しを得たうえで今ここで話しているのです。

今でもAさんが語ってくれた、これらの言葉は、一つ一つ重々しく私の心に響いてくる。自分で自分を教育していく姿に触れ、私はさわやかな気持ちになって、Aさんの家を後にしました。

皆さんの先輩には、こんな素晴らしい先輩がいるのです。謙虚で向上心に燃え自分で自分を教育していく姿に触れ、私は深い感動を覚えました。

「珠《たま》みがかざれば光なし」という言葉があります。この意味は「もともと美しいはずの珠も、みがかなければ光り輝くようにはならない」という意味ですが、皆さんもこの先輩のように、自分を磨きながら、これからの、長い人生をたくましく生きて下さい。

（一九八九年度）

# 子供の手を離しても、目を離さないで

PTA新聞

最近保護者の方々の話し合いの席で、こんなお話がありました。「子供をどこまで信頼していいのか分からない。あまり干渉し過ぎてもいけないし、かと言って子供を信頼し過ぎるのも問題がある。その兼ね合いが難しい」ということでした。その言葉の裏には、干渉し過ぎて子供の自立を妨げることになりはしないか、また信頼し過ぎて放任になっているのではないかとする心配りがあります。

けれども、どのお母さんも今までその辺のバランスを上手に取りながら子育てをしてきたと思います。たとえば、子供がやっとよちよち歩きを始めた頃、お母さんは徐々に手を離してはいくけれども、決して子供から目は離しません。危険な状況が起これば すぐに手助けできるように準備し、一人歩きを温かく見守りながら、子供の自立を助けて来ました。やっと歩けるようになった幼児が、母親の手を払って一人歩きしようとする場に出合う時、だれもが立ち止まって温かく見守ってくれます。

中学生も体は大きいけれども、基本的には同じだと思います。中学生はまだ完全に自立した人間とは言い難い面があります。つまり自立ができている面と、できていない面が相交差していて安定性がない時期です。だから中学生の自立は自ずと限定されて来るのは当然のことです。

なのに子供は一個の人間としての自立を認めて欲しいと主張し、親と対立する場面が増えてきます。この子供の主張は、早く大人になりたいと思う心の表れであり、中学生の発達段階として望ましい姿でもあります。これが反抗期と言われるもので、親に対して反抗を繰り返しながら、自己の自立を図っているのです。自分の思う通りにならない壁にぶち当たって、失敗を繰り返しながら社会に適応していくための知恵を身につけていくのです。そうした過程を経ながら子供は、親から少しずつ自立や信頼を勝ち取っていくのです。

また、子供は親には何にも言わないでいて、「私のことを理解してくれない」と、一人で思い込んでいることが多いのです。だから「自分の言いたいことをはっきり言う。目と目を合わせてものを言う。人にものごとを頼むし、自分も頼みを聞き入れる」など、子供にも自己主張の訓練をして下さい。親は子供の自立を助ける知恵を発揮して、上手に援助して欲しいのです。そのためには子供の成長の過程で発する様々な信号を見逃さないように、子供から目を離さないで欲しいのです。中学生時代は、子供と親が真剣勝負をしなければならない厄介な年頃のようです。

さっそくお母さんは、「あんたから目を離さないわよ」と宣言して子供とにらめっこして見て下さい。子供の心の動きを深く読み取る、洞察力が必要です。

（一九九一年）

# 煙草四十九本の学力　不易と流行

北九州市立浅川公民館長時代の講話

『サザエさん』文庫本二十一巻（長谷川町子著・朝日新聞社刊）に、つぎのようなものがありました。

波平さんが知人宅へ訪ねたところ、二十歳を迎えた知人の息子を紹介されたようですが、その風貌はまるでおじさんで、とても二十歳とは思えない。「いやじつに逞しく成長されましたなァ」と、驚きながらも感心しきりの波平さん。しかし波平さんが帰った後、その二十歳の息子は大きな図体で母親にもたれてお菓子をねだる。「教育面でしっぱいしたか」と父親である知人の困り顔……というオチ。

この漫画のような風景は、どこの家庭にもありそうですね。

芭蕉は「不易と流行」ということを言いました。これを教育に関して言うならば、激しい社会の変化に対応する教育と、どんなに世の中が変わっても、変わらない教育がある、ということを教えていると思います。

この漫画は親が、自分の子供の自立の教育に、自信がもてないで戸惑っている場面を、表現していますが、子供におもねないで、各家庭がしっかりした教育方針をもって欲しいと思うことが沢山あります。

親から子、子から孫へと引き継がれていく、その家庭独自の価値観に基づく、不易の家風のようなものが、あってもいいのではないでしょうか。今テレビの影響で、全国的に画一的な価値観をもった、個性のない子供が育ちつつあることが、心配されていますが、家庭独自の個性的な教育方針もなくなっていることも、原因の一つに上げられそうです。

頑固親父万歳。

問題　煙草の吸い殻七本を集めて、一本の煙草を作りました。それでは四十九本の煙草から何本の煙草ができるでしょう。答えはあとで。
今学校では、激しい社会の変化に対応できる学力を、どうつけるかということが、重要な課題になっています。ある学者が、この問題を日本とアメリカの子供にさせてみました。日本の子供は、49（本）÷7=7（本）と、一応の答えが出たところで思考が停止してしまうそうです。なぜそうなるのか調べたところ、日頃より教科書のアンダーラインの引き方が、違うことに気付きました。日本の子供は答えに線を引き、アメリカの子供は問われている内容に、線を引くことが分かりました。日本の子供は直ぐ答えを教えてくれと言います。

しかし本当の学習は答えそのものより、課せられた問題をどのようにとらえ、どんなやり方で答えを出すかという、その過程の方が重要なんです。また別のアメリカの学者が、世界の子供の算数の共通テストで、日本の子供が世界一の力をもっていることに驚異を抱き、よく調べたところ、日本の子供は計算には強いが、応用問題には弱いということが分かって、アメリカは決して負けていないと安心したそうです。計算はコンピュータに任せればいいからです。

ところで、ビジネスマンを対象にしたある調査によると、ビジネスマン自身が、今の社会に生きていく上で、必要と思っている能力を、次のように上げています。

1位　情報収集力　2位　語学力　3位　社内外の人脈づくり

4位　業務上の専門知識　5位　企画力　6位　創造力

この中で、主として学校で習ったものは、専門知識や語学力ですが、そうした知識よりも、知恵を発揮する領域が、より多く求められているように思います。学校で習った知識を生かして、知恵として活用できることが、生きた学力ではないでしょうか。ある脚本家は本当の学力とは、『トラブル解決能力』だと言っています。これも一つの学力観ですが、危機的・突発的な場面にも、即対応できる知恵や能力こそが、本当の学力だと言っていると思います。知識偏重の教育から、新しい学力観についての発想の転換が必要だと思います。

問題の答え　八本です。（49÷7＝7　再生した七本の吸い殻から、もう一本の煙草ができます）

（一九九四年）

# 井戸端会議の勧め

昔、水道がなかった頃のお話です。

家庭の水仕事を担ったお母さんたちが、毎日井戸端の周りに集まって、おしゃべりをしたり洗濯したりしていました。別に主催者がいたわけでもありませんし、議題も決まっていたわけでもありません。そのときの話題は料理のコツ、子育ての悩み、安い買い物ができる店、父親の悪口などがお母さんたちの話題だったでしょう。

しかしそれが家庭生活や子育てに役立つ知識だったりしたのです。それを現代風に言えば家庭教育学級ということになりましょうね。

でも話題の中心は、子育てだっただろうと思います。そこでは、自分の子供のことだけでなく、町内の子供達の話もありました。「みっちゃんは最近色気が出てきたわね」「太郎君がお寺の境内で火遊びしてたよ」

うちの子どもやよその子供の情報をみんなが知っていて、お父さんにもその情報は伝えられ、地域の大人皆が、どこの子でもわが子と同じように、温かい目で見つめ、叱ったり褒めたりして、子育てにかかわってきたのです。

現在でも僻地の農村や小さな島ではそうなのです。だから外出の時も家に鍵をかけなくとも心配なかったのです。これが地域の教育力と言われるものです。

先日列車の中でこんな場面を目にしました。制服を着た四人の女子高生が四人固まって列車に乗ってきました。私は賑やかなおしゃべりを秘かに期待したのですが、女の子たちはお互いに一言も言わず、携帯電話を取り出し、メールを打ち始めました。そして目的の駅に着くと「さよなら」と一言って、笑顔や手を振りかわすこともなく、降りていきました。何ともはや殺伐とした人間関係の若者の姿を見て、私は唖然としました。仲間と一緒の時は仲良くお話しするというのが人間関係を密にする自然な姿だと思うのですが？

現在の社会は情報化社会と言われていますが、その実態をこんな形で見せられ、改めて身に染みて思い知らされました。この子らが大人になっても、「井戸端会議」は期待できません。別の形での温かいコミュニケーションの取り方ができることを願っています。

（一九九一年「足立中学校ＰＴＡ新聞」／二〇一四年加筆）

## A中入学式式辞

さて新入生三百二十六名の皆さん入学おめでとう。心よりお喜び申し上げます。

皆さんは今日から中学生になりました。中学時代は人生で最も高価な時代、つまり値打ちの高い時代だと思っています。例えば中学時代に覚えたことは、生涯頭に残るものであり、勉強の効果が上がる年代だということです。この大切な時期を無駄に過ごしてはいけません。

そこで私は皆さんに三つのことをお話ししたいと思います。

一つは自分で自分を大いに鍛えてください。自分を甘やかさないで、どこまで耐えられるか頑張り通してみることです。例えば運動部の部活動に入って自分を鍛えて下さい。鍛えれば鍛えるほど、伸びることは間違いありません。

「体が心を育てる」という言葉があります。体だけが大きくなるのではなく体の成長とともに、強い精神力も一緒に育てて欲しいのです。そしてめったなことではくじけない、たくましい人間になって欲しいのです。

二つ目は個性豊かな人間になって欲しいと思います。人間は一人ひとり他人にはまねのできない良さを持って生まれてきているのです。お母さんがそのように産んでくれているのです。

東井義雄《とういよしお》（僧侶）という人がこんなことを言っています。

「子どもというういのちの袋の中にはいろいろな宝物が入っている。その宝物は、子ども自身さえ知らずにいる」（『東井義雄一日一言』致知出版社）

さて皆さん、自分の宝物は何でしょう。それを自分で見つけ、自分にしかできないことを、一つ身に着けて欲しいのです。

坂村真民《さかむらしんみん》（仏教詩人）という人がこんな詩を書いています。

「光る　光る　すべては光る　光らないものは　ひとつとしてない　みずから　光らないものは　他から　光を受けて　光る」（『詩集　念ずれば花開く』サンマーク出版）

自分自身の中には他人に決して負けないものがあると信じて、自信を持って生きて欲しいと思います。

三つ目は人に対してやさしく出来る人間になって欲しいのです。人の悲しみが分かる、人の苦しみが分かる人の心の痛みが分かる、そんな心の温かい人間になって欲しいのです。

星野富弘という、体が不自由ながら、口で絵を描く有名な画家が、こんな詩を書いています。

「私は傷を持っている、でもその傷のところから、あなたのやさしさがしみてくる」

中学生のいじめ問題が後を断ちません。仲間外れにしたり、あるいは相手の傷を平気で攻撃するような人間になってはいけません。他人の立場に立って考えることの出来る人間になって下さい。中学生の中にもこんな優しい心を持った人がいます。

今年の一月一日にこんなことがありました。あるお家のお婆さんが散歩に出て夕方暗くなっても帰ってこないので、一家総出で探し回りましたがどうしても見つかりません。ところが本校一年生のA君が、たまたま、道端ではだしのまま、しゃがみ込んで泣いているお婆さんを見て、おかしいと思ったのでしょう。早速お婆さんの名前を聞き出して電話帳で番号を調べたりして、無事に送り届けてくれたのです。とてもうれしい話ですね。

ところが丁度その頃、近くの町では、あるお年寄りが自分の帰る家が分からなくなり十日間も街の中をさまよい歩き、とうとう疲労と寒さのため、疲れ果てて死亡したという記事が報道されました。誰か一人でもA君のように声をかけてあげたら、そのお年寄りは救えたはずです。そう考えるとA君のとった行動はとても素晴らしいことですね。

私は弱い者いじめや、他人の失敗を喜ぶ傾向の強い時代にあって、他人を思いやる温かい心の生徒がいるということをとてもうれしく思いました。A君の偉いところはそのお婆さんを見て、電話をかけるなど行動として実行していることです。行動するにはとても勇気がいるのです。皆さんならどうしますか。

今日私が話した三つのことを、しっかり心に留めておいてほしいと思います。

（一九九一年度）

# 思春期の子どもの心と付き合う　T中家庭教育学級講演

## ■やすらぎの部屋の紹介

心の相談室「やすらぎの部屋」は、月水金、午後一～五時に開いています。相談に来る子どもの中で、私が一番気に掛かるのは、学校にも家庭にも居場所のない子ども達です。

集団不適応の生徒がいます。「子どもは群れの中で育つ」と言われますが、群れには集団の教育力があります。群れに溶け込めないで、群れから避難してくる子がいます。私は六人兄弟の中で育ちました。その頃は国の「産めよ増やせよ」の施策もあり、子供の死亡率も高かったこともあり、どこの家庭も子沢山でしたので、兄弟げんかなどで社会性が自然に身についていました。現在は一人っ子の家庭も多く、集団不適応の子供が多くなってきています。

学習不適応の生徒もいます。勉強が分からない。授業についていけないで、イライラをぶつけに来る子もいます。

家庭内不適応の生徒もいます。テストの点数が悪かったと、叱られるので家に帰りたくない。「口答えしたらお母さんに殺される」、という子もいます。安らぎの部屋はこうした不適応生徒の味方になってあげるのが役割です。

また、子どもを肯定的（減点主義でなく加点主義）にとらえるのが相談室です。相談室によくきたね。心配しなくても良い。君には、こんないいところがある。自信を持てと話します。ありのままの自分を、受け入れてくれる人がいる。それだけで子どもは嬉しくて、元気になります。子どもを否定的に見て接すると、二度と来なくなります。

子供たちは、お母さんの悪口もよく聞かせてくれます。「うちのお母さんは言うことを聞かなかったら、御飯を食べさせせん」とか、「怒らんから本当のこと言いなさい、というので本当のことをいったら、怒られた」

そして、私が「お母さんは卑怯だ」と言いますと、一緒にきた子供たちが、「そうだそうだ」と同調します。私も一緒になって「そうだそうだ」と言います。子どもは、お母さんの悪口を言って、胸がすっとしたと言って、帰っていきます。

子供の様子が何だか日頃と違う、急にものを言わなくなった、イライラしている、それは子供が、お母さんに「助けて」という信号を出している場合もあります。早い時点で、先生に相談して下さい。私もお役に立つことがあれば、いつでも気楽に相談に来て下さい。

親には、以下のような役割があります。

1　抱きかかえること　ホールディング……苦しい時に助けてくれる親
2　限界を設定する　リミット・セッテイング……してはいけないことを教える
3　子別れすること　デタッチメント……自立した人間を育てる

## ■抱きかかえる＝ホールディング

外で嫌なことがあっても、それを忘れさせてくれる。家にいる時が一番安心というのが家庭です。だから、子どもも、お父さんも放し飼いにしていても、夕方には必ず家に帰ってくる。お母さんがいなかったら帰ってきませんよ。

お母さん方は、中学生になって「抱きかかえ」とか、おかしいと思われるかもしれませんが、思春期の不安定な時期には、「抱きかかえ」が必要な時があります。

最近不登校生徒が年々増加しています。中学校では四十人に一人の出現率ですから、学級に一人です。不登校の生徒のほとんどは、学校に行きたいけれども、どうしても行けなくて、一人で苦しんでいるのです。決してズル休みではありません。むしろ、真面目過ぎるほどの子供が多いのです。本当の理由は本人にも分からないのです。

親御さんも、子どもと一緒に苦しんでいらっしゃいます。皆さんもその立場を理解してあげて欲しいのです。あなたの子どもも、高校・大学・会社で、不登校や出社拒否になる可能性があります。

この生徒は学校に居場所がなくなると、家が唯一の居場所になります。子どもは外の生活が危機的な状況になればなるほど、安心できる場として、家庭に引きこもります。そして、子どもは赤ちゃん返りして、お母さんに異常に甘えてきたりします。それはお母さん助けてという信号なんです。

ところがお母さんは「いつまでズル休みしているの、もういい加減に行きなさい」と、無理やりに学校へ行かせようとします。子どもは、学校にも居場所がなく、家にも居場所がなくなると、どこにも持って行きようもない不安が爆発して、家庭内暴力になったりします。家庭内暴力はまだよい方で、自分を否定的にとらえて、自殺を考えるほど、追い込まれてしまいます。

そんな時こそお母さんは、子どもの苦しみを理解して、安心していられる場所を確保して欲しいのです。そうすると回復も早いのです。

「お母さんの膝は僕の基地」という幼児の詩があります。

お母さんの膝から飛び立って、外で遊んで、疲れたら帰ってきて、お母さんの膝に座ると

また元気を取り戻して、再び遊びに出掛けて行く、行動の根拠地です。

その基地がなくなったら、飛行機は着陸するところがなくなって、いつまでも、そこら辺を、ウロウロ飛んでいなければなりません。それは極めて不安定な状況です。家庭における、お母さんの存在感の大きさを、表現している詩です。

NHKの教育テレビで放送された番組内で、あるアンケートの結果が出されていました。

「あなたの気持ちをよくわかってくれる人（中学生）」では、男女とも、「母親・友人」がともに三〇パーセント台で、断トツに多いです。残念ながら父親は入っていないのです。

「だれもいない」男子一一・七パーセント、女子七・七パーセント。これは問題ですね。

「そばにいると心強い人（中学生）」

男女ともに「友人」が第一位。男子は約五一パーセント、女子は四四パーセント。思春期には親よりも、友達の方が大切なのです。

第二位は、男の子は「父親」の一九・四パーセントで、男の子は父親に接近したいのです。

母親に対しては二・六パーセントで、母親離れが始まっています。

女の子は「母親」の二一・一パーセントで、「父親」は一〇・三パーセントで母親の半分しかない。この時期の子どもは、男の子はお父さん、女の子はお母さんがモデルになりますから、そういう数値になると思います。

## ■母親の限界設定＝リミット・セッティング

母親は赤ちゃんの時から「してはいけないこと」を繰り返し繰り返し教えています。先日、銀行のロビーで、四歳くらいの坊やが、銀行のパンフレットをたくさん持っていました。そしたら、若いお母さんが「あんたもういい加減にしなさいよ」と大きな声で叱っていました。周りの大人はその腕白振りを笑っていました。

その後で、今度は一人で外へ出ようとしていました。お母さんは「ブーブーが来るでしょう、一人でお外に出てはいけません。分かった」と言うのですが、男の子は知らん顔。するとお母さんが「お返事は」と言うと、男の子は「ハイ」と返事をして一件落着。男の子はお母さんが「お返事は」と言うから、条件反射的に「ハイ」といっているだけのようです。本当は母親のすきを見て外に出てやろうと思っているのです。

ユダヤ教では六一三も、「してはいけない」ことを決めて、とにかく「してはいけない」ことだけを、徹底的に子どもに教えているそうですが、六一三もあるということは、それだけ、子ども達は「してはいけない」ことばかりする存在だということです。

泥棒をしてはいけない。正直でなければいけないなど、六一三のレンガを積み重ねて、子どもの価値観を形成させようとしていると思います。そうして時間を掛けて培った価値観は本物です。私はユダヤ教信者ではありませんし、ユダヤ人が特別優れているとは思ってはいませんからご心配なく。一つの民族の教育法として、参考になればと思って話しただけです。

家庭のしつけについて、文部省（現・文部科学省）の国際比較調査結果によると、

・「弱いものいじめをしてはいけないと、よく言われた」

イギリス…三六パーセント　アメリカ…三五パーセント

韓国…二二パーセント　日本…一一パーセント

・「嘘をついてはいけない、とよく言われた」

アメリカ…五〇パーセント　イギリス…四九パーセント

韓国…四二パーセント　日本…一六パーセント

日本の家庭では、嘘をついてはいけないとか、弱いものいじめをしてはいけないとか、い

うは教育を、あまりしていないという証明になります。

国際的に比較して、日本では家庭で、子どもにあまり仕事をさせていない、ということがこの調査で分かりました。家族の一員としての権利と義務を自覚させて、義務を果たさせる場を設定することも大切です。お手伝いの見返りが、小遣いだと位置付けてもいいでしょう。

## ■父親の限界設定＝リミット・セッティング

ＮＨＫテレビ番組で中学・高校生が、自由に話す番組がありました。その中である子どもが、「なぜ人を殺してはいけないか」と言いました。驚きましたね。それを受けてＮＨＫもさっそく「大人が答える」と言う番組を三本放映しました。

また、殺人した後で「人を殺す経験をしてみたかった」と言った子どもがいました。その殺人は、あまりにも自分本位な行動です。

最近の十五～十七歳頃の殺人事件の増加は氷山の一角で、そんな考え方をもった子どもが、他にもたくさんいるのではないかと思います。

最近の若者の事件で思うことは、「現代は自分勝手に何をしてもよい時代」なのかと思うほど、社会の決まりを守るという、規範意識がなくなってきたということです。それは「してはいけない」教育が、欠落しているからだと思います。つまり六一三のレンガを積み立てたような、揺るぎない価値観の形成がなされていないと思います。

もう一つの視点は、自制心がなくなったことです。これについてある教育者が、最近、子どもの作文に「だが、しかし、けれども」という言葉が使われなくなった、というのです。人を殺してみたい、「だが、しかし、けれども」、被害者や、相手の家族や、自分はどうなるのだろう、という思考の屈折がないということです。

物事を正しく判断するために、自分を客観的に見たり、否定的に見たりする思考の回路が必要です。それが欠落すると、自分本位の考え方になってしまうのです。

子どもの欲望には限界がありません。子どもの言いなりにしていると、子どもの要求は、段々エスカレートして、やがて子どもが家庭内の主人公になります。子どもの言いなりになる父親母親に育てられた子どもが、事件を起こす例が多いのです。

フランスの教育学者で、ルソーという人が、「子供を不幸にする一番確実な方法は、それは、子どもの欲しがるものを、いつでも、何でも、手に入れられるようにしてやること」と言っていますが、子どもの要求に負けてしまう親に警告している言葉です。

具体的な限界設定場面をいいますと、門限・毎月の小遣い・無断外泊・茶髪・携帯電話などなどがあります。子どもは欲しいものがあると、常套手段として、「皆持っているのに、僕だけ持っていない」と言いますが、それは嘘です。いくら反抗しても親は「駄目なことは駄目」と言って欲しいのです。

このレベルでの限界設定では、父親の出番が多くなりますが、最近家庭教育で、父親の存在感がないことと、父親が教育に無関心過ぎることが問題になっています。これを父性の欠如と言います。

厚生省（現厚生労働省）が、子どもの教育に決定権を持つのは誰かという調査をしたら、父親は三・六パーセント、母親が五四パーセント、二人で決めるは四二・四パーセント。この調査で、いかに家庭における父親の存在感がなくなってきたか、ということが分かります。

ＮＨＫの少年少女プロジェクト資料「今父親を考える」を見ると、「権威ある父親になって欲しい」と思っている母親が八三パーセントもいます。子どもの約六四パーセントも、そう願っています。「お父さん、しっかりしてよ」という家族の声です。

また父親は、「子供たちとはどう付き合っているか」の項目で、「子供に対して、自分は厳しくない」と答えたお父さんが七〇パーセント、「子供に対して、優しく温かい」と答えたお父さんが約七八パーセントです。まさしく友達パパです。
母親の父親に対する不満は、六一・五パーセントもあり、不満内容はつぎの通りです。

「なぜ不満を感じているのか」
・自分の趣味や仕事にしか興味がない　三一・五パーセント
・何を考えているのか分からない　二〇・五パーセント
・家族と話をしない　一八パーセント（コミュニケーション不足）
・子供を叱らないこと　一五・七パーセント
・家事をしないこと　一五・六パーセント
・生活がだらしないこと　一四・五パーセント（父親の振る舞いに不満）

父親が子どもを叱らないという、母親の不満が約一六パーセントもあります。
お母さんが、お父さんに「あなたも、子どもを叱って」というから「お母さんの言うことを聞け」と叱るという場合もありますが、しかしそれは、お父さんは、お母さんの助手のような役割で、二人親がいても、実質的には一人の親しかいないことになります。

母親は、父親が自分と違う視点や価値観を示して、叱って欲しいと言っていると思います。

最近「家庭における父親の役割」というＮＨＫのテレビ番組を見ました。

アメリカの家庭で年頃の娘がお母さんに、「今度の週末にお友達のところに泊まりに行ってもいいいか」と聞くと、母親はノーと言います。そして、お父さんに聞いてご覧なさいというと、娘はすぐ父親の勤務先に電話して聞きます。勿論父親も答えもノーです。アメリカでは、父親がしっかり主導権をもっているということを、この番組が教えてくれました。

つまり、母親が父親の判断を重視する態度を示しているのです。

ところで最近、ＮＨＫの教育テレビで「お父さんのここを変えて」という番組がありました。その中で、あるお母さんが、困ったお父さんの例として、こんなことを言いました。

夕食のビフテキが幼い子どもと一緒の大きさだ、といって父親が、文句を言ったそうです。それに対して、お母さんは「せっかく楽しい夕食なのに、お父さんが子どもみたいなことを言って困ります」と言います。するとお父さんは反論して、「子どもには、子どもに似合う洋服がある。子どもの癖に、大人の洋服を着せるのか」などと、変な理屈をつけるのですと、お母さんがお父さんを批判しました。

このお父さんは、大きいビフテキが欲しいということより、お父さんも子どもも平等だという母親に、文句を言っているのだと思います。「俺の存在感を、ビフテキの大きさで示せ」と言っているのでしょう。

民主党党首の鳩山由紀夫は、アメリカのスタンフォード大学に留学経験があるそうですが、ある本で、「アメリカの家庭では、食卓でローストビーフを切り分けて、家族に配るのは、父親の伝統的な役割となっていて、こういう時の父親が、なにやら威厳に満ちている」と書いていています。無意識のうちに子供たちに、家庭中で父親の位置付けを確認させているという印象を持ったそうです。

八木重吉の詩があります。

もも子よ、お前がぐずってしかたないとき
わたしはおまえに　げんこつをくれる
だが桃子
お父さんの命が要るときがあったら
いつでもおまえにあげる

（『定本　八木重吉詩集』彌生書房）

理想的な父親像です。前半は「駄目なことは駄目」という限界設定。後半は「命を懸けてもお前を守るぞ」という抱きかかえ。どこか威厳に満ちて、しかも深い愛情が滲み出ている言葉です。こんなお父さんを子供達は望んでいると思います。

事情があって片親で子育てをしている家庭がありますが、その人は一人で父親と母親の二役をしていて、それで立派に子育てされているのです。拍手を送りたいですね。

要するに家庭教育には「抱きかかえと突き放し」の機能が必要だということです。

## ■子別れして、子どもを自立させる営み＝デタッチメント

思春期からの、子供の自立に関しては、父親の果たす役割が大きいと思います。

母親は子供に対して、「子どもは母親のブランドもの」「底無し沼的な愛」「限りなき世話焼き」などと言われています。これはいい面もありますが、マイナス面もあります。お母さんが子供の世話を焼けば焼くほど、子供の自立を妨げる面があります。それによって起こる症状を、「母源病」と言った人がいます。

子供の自立を図るために、こうした母と子の密着した関係を絶ち切るのは、父親の果たす役割だと思います。

自立の教育は、生まれた瞬間から始まるものです。赤ちゃんの時の「いないいないバー」は、母親の無意識的な、親離れの練習だと言われています。

動物の親離れ子離れは、生存競争に打ち勝つための厳しいものです。

野生馬は、生まれた瞬間から自分の足で立って、歩こうとします。母親もそれを助けます。そうしなければ、ライオンに食われてしまいます。キタキツネも、子どもがある年齢に達すると、母親が子どもに嚙みついて、親離れさせようとします。フクロウの子別れの仕方は、巣立ちが近くなると、段々餌をやらなくなります。子どもは空腹のあまり餌を探して飛び立ちます。動物の親も、みんな自立の教育をしているのです。

しかし、人間はこのような厳しい、自立の教育をしていないようです。

私はテレビで「初めてのお使い」をよく見ます。幼児が様々な、危機的な状況を乗り越えて、家に帰り着きます。感動的な母親との再会が待っています。

これが、自立の教育の場なのです。このような自立の場を、その子の発達段階に合わせて、意図的に上手に設定することが親の役目ではないかと思います。

オーストラリアから来た英語の先生が、「日本の中学生は、まるで赤ちゃんのようだ。親も先生も何時までも、世話を焼き過ぎる」と言いました。

## ■人間の自立の時期はいつか

自立の時期が段々遅くなっています。日本では平安時代から江戸時代まで、元服《げんぷく》という儀式がありました。十一～十七歳頃になると、冠をかぶって、大人の仲間入りを認める儀式をしました。

元服することで、大人の権利・義務が認められ、家督を継ぐこともできるという反面、大石蔵之介の息子のように、元服して討ち入りに参加したばかりに、一人前の男としての責任が問われ、切腹させられもしました。

だから元服の儀式は、若者にとっては非常に意味があるものだったと思います。

ところで、現代では自立し親離れする時期が段々遅くなっています。

二十歳の成人式か？　会社に就職して収入が確定した時か？　あるいは結婚して親元を離れて独立した時か？　と段々自立の時期が遅れて、曖昧になってきていると思います。

最近「パラサイトシングル」という言葉をよく聞きます。パラサイトとは寄生虫のことです。いつまでも、自立しようとしない若者のことです。しかし、それを許している親にも問題があります。私がニュージーランドを訪ねた時、ニュージーランドでは十八歳になると、みんな親元を離れて、出て行くと聞きました。これはニュージーランドの若者の元服に当た

るものだと思っています

『だから、あなたも生き抜いて』（大平光代著、講談社刊）につぎのような一文があります。「最近いい子を演じる子どもが、非常に多い。小さい頃から両親に、いい子でいなさいと言われて大きくなった子どもは、親に気に入られたい、好かれたいと思って無理をしてしまう。それが積み重なり、いい子を演ずることに疲れ、ありのままの自分が出せないまま大人になると、その欲求不満が爆発する。それが、少年犯罪に発展する要因の一つだ」

前にも「ぼくお母さんの宝やめる」と言う幼児の独立宣言のことは書きましたが、それを母親が感じ取って、「反抗期」という題で新聞に投書したのです。子どもの心を読み取った母ちゃんも偉いと思います。

反抗期は　子供が健全に成長する過程で、必ず現れるものとされています。

第一反抗期　三〜四歳頃　　何でも僕がするという時期があります

批判反抗期　十歳頃

## 第二反抗期　中学二年をピークに現れます

思春期の反抗は、特に意味のあることなんです。反抗期を経験しない子どもの方が異常です。反抗するエネルギーもない子もいます。反抗の強い子ほど、自立が早いと思います。しかし、いくら反抗しても、親は頑として譲らないで欲しいのです。壁にぶつかりながら、自立の練習をしているのです。

「いい子」とは母親にとって都合のいい子なのです。だから反抗する悪い子は、本当は順調に育っているいい子で、母親の都合のいい子は、悪い子になります。

次に、自立の教育は、どんな時に、どのようにするのか、その例をお話しします。

八月二十六日、NHK教育テレビで四時間半にわたって、「家庭における、お父さんの存在」を問う番組がありました。その中で、娘が万引きして補導された、その娘に対して、父親は「パトカーの、乗り心地はどうだった」としか、言えなかったというのです。

父親は、娘を叱らなかった理由をこう言っています。

「えっまさか。うちの子に限って……と、あまりにも唐突に起こったので、対応できなかった」

「日頃より叱り方を練習していないので、練習していないことはできなかった」

「万引きをゲーム感覚・遊び感覚・いたずら感覚でやったようだ。物が欲しくてやったのではない」

「友達との連帯感を持つためにしたことだ（万引きの正当化）」

「娘が万引きをしたのは、父親に私の心を分かってほしいとか、こっちを向いてとかいう意味だと思った」

「娘に、なぜ万引きをしたのかと理由を聞かなかったのは、本人が悪いことをしたと分かっているから、それ以上問い質す必要はないと思った」

父親と娘は「友達パパ」の感覚なのです。

これに対して、討論に参加した子供たちから、父親に対する反論がありました。

「どうしてそんなことをしたのかと、問い質すべきだ」

「もっと厳しく叱られると思ったのに、叱られなかったら、悪いことをしてもこんなものかと思ってしまう」
「万引きは反社会的・非社会的な行為だ。それを叱らなかったら、子供は、父親が自分に対して無関心だとか、責任を持っていないと思ってしまう」
「万引きは犯罪だから叱って欲しい。叱らなかったら、見捨てられたと感ずる」

子供たちの意見の方が、まともだと思いました。

私が取り組んだ時の例を話します。

万引きの通知がスーパーから学校にあった時、私は子どもに説教した後に、「自分で起こした事件は、自分で解決しなさい」と話します。そして、今晩家に帰ったら、お母さんに、「万引きをした」と、自分の口から言いなさい。その後で、親が私に電話をするようにと言います。母親から電話がかかってきたら、お母さんには、「こうして欲しい」と伝えます。

「親の前できちんと謝る姿を見せてくれれば、お母さんは安心するから、明日あなたはスーパーに行って、お母さんの前で謝りなさい」と言って、翌日母親と一緒にスーパーに出掛けて、店長さんに謝らせて、品物のお金を払うのです。

一般社会では万引きをして、罪を問われた時次のような罰があります。

刑事罰（窃盗罪・前科一犯）
民事罰（弁償する）
行政罰（世間からの制裁・会社からの罰・警察官なら停職免職）
このことを、きちんと教えるチャンスと考えればいい訳です。

お父さんが子どもを強く叱ったり、叩いたりして、親の毅然とした姿勢を示すという方法もあります。それによって、子どもは「お父さんが怖いからもうしない」ということになり、それも一つの抑止力にはなります。しかし本当に学ばせなければならないことは、一般社会人として三つの罰があるということです。

こういった出来事は、子どもが自立する絶好のチャンスなのに、親が余計なお節介をして、子どもの自立を妨げてしまう場合が多いのです。こんな時に抱きかかえてはいけません。「そんなに厳しくして、家出したり自殺したらどうしますか」とおっしゃるお母さんもいます。こうなると、家庭教育の問題ですから、他人は口出しできません。

「もう学校で先生に説教されたのだから解決した。これ以上家庭では指導はいらない」などとおっしゃるお母さんもいますが、こんな子どもの危機的な場面で「他人任せでいいのですか」と言いたいですね。

子どもの危機的な状況を、親子が一緒になって乗り越えてこそ、家族と言えます。また、そのことによって家族の絆がますます深くなっていくのです。

すべてが解決した後で「あの時はよく頑張ったね」と抱きかかえてあげればいいのです。これが本当の抱きかかえの姿です。

お母さん方はもっと「肝っ玉母さん」になって、「よくぞ万引きしてくれた、さあトコトンやったるでー」と、お母さんが前もってこうしたシナリオを持っていると、子どもが万引きしても慌てません。

それは、自分のことは自分で解決させるという、親の温かい自立の援助です。いたらざるかばい立ては、しない方がよいと思います

これから先、親は子どもとともに、こんな危機的状況を、何度も乗り越えなければなりませんが、それはすべて自立のための、試練の場だと考えればよいと思います。

相田みつをの詩に「つまづいたって　いいじゃないか　人間だもの」という一節があります。

子どもは生きているんだから、時には病気にもなります。万引きも一過性の病気だと思え

ばよいのです。

人間は最初から完全じゃありません。たくさんの失敗経験が、人間を人間らしくしていくのです。失敗を上手に乗り越えさせるのが親の仕事です。

つまづかなければ、学べないものもあります。マイナスをプラスにして、生きていけばいいのです。

最後に曾野綾子の詩をご紹介します。

「教育の目的は、一人でも生きられる子どもを育てることだ。最終の目的は、独立を完成した子どもの前から、さり気ない形で姿を消すことだ」

（二〇〇〇年九月十四日）

# 謹 賀 新 年

お幸せをお祈り申し上げます。

平成１１年元旦

竹の葉の素直にそよぐ心を見つめる

山頭火

田原中学校でやすらぎの部屋（心の教室）の相談員をしています。何でも知りたい子供たち、夢いっぱいの子供たち、笑いの止まらない娘たちに囲まれ若返りました。

名田　惣二郎

「ねー、おいちゃん、私の話を聞いて、聞いて」

# つれづれ

# 野菜作りの面白さ

今年の桜の開花が二週間も早いのは不自然だ。気候温暖化がもたらす結果だとすると、素直に花を愛でる気分になれない。

人間は自分たちの生活の都合にあわせて、自然環境を破壊したり、改造してきた結果、氷山の氷が溶け始めたり、赤潮発生で魚介類がいなくなったりする不自然な自然現象が出現するようになった。これからも予想もつかない形で、自然からのしっぺ返しがあると思われる。

ところで、私自身にも自然破壊の報いを受けた苦い経験がある。私は十数年前から趣味で野菜を作っているが、最初のころは化成肥料を使うと、何を作ってもよくできた。しかし、四~五年たつと収穫は年々落ち、やがて何にも採れなくなった。

この現象は世界中の農家でも見られ、化学肥料に依拠すると、一時的には収穫の増加をもたらすが、やがて農地は荒廃し収穫も激減して、深刻な状況になってくることが、テレビのレポートで報告されていた。

私も、ことの重大さに気付いて、あわてて有機肥料農法に切り換えたが、今では完全に回復し立派な野菜が採れるようになった。しかし、一度落ちた地力を回復するのに五年もかかった。私の場合、地力回復の秘策は有機肥料と土壌にいる有用な菌を活用することである。

私は年末、町内会の掃除で集められた落ち葉をもらってきて積み上げ、腐葉土作りから始めた。腐葉土は冬の寒気の中でも、四十～五〇度くらいまで温度は上がり、長期間経っても温かい。覆いのシートの上に座ってみると、温かさがお尻から伝わってくる。発酵菌の仕事ぶりに感動すら覚える。発酵も治まって表面に白い粉を吹いた落ち葉を一年がかりで熟成すると、真っ黒な腐葉土が出来上がる。次に米糠に発酵菌（ＥＭ菌）と糖蜜と水分を加え、風呂桶一杯くらいの密閉された樽に入れて置くと発酵が始まる。半年も置くと、いい香りのする発酵糠ができあがる。

その他にも生ゴミも発酵させて畑に入れている。魚の骨や野菜屑の入った生ゴミに、発酵した米糠を入れると床漬けのようなにおいになる。それを畑やプランターの土に入れると効果てきめん、見事な作物ができる。それに竹酢の希釈液や粉炭を畑の土に注入して、土中の有益な菌の活動を助けて、野菜の成育を促進するなど、有機肥料による野菜作りの成果は確実に上がり始めている。

要は土自体の内在的な力を引き出しただけなのだが、ミミズが生息し始め、モグラが忙しくトンネルを掘り、土は生き返ったのだ。化学肥料に依拠する野菜作りとちがって、土自体に力があるので、西瓜・カボチャ・瓜・ジャガ芋・タマネギなど、いずれも過去の収穫を更新する出来栄えだ。キャベツの葉っぱは、そのまま何もつけずに食べているが、甘くておいしい。

私の得意とする作物はサツマイモである。鹿児島の海岸に近いサツマイモは甘いと言われていた。農業雑誌にもサツマイモに海水をかけると甘くなると記載されていたのでやってみると、見事に甘い芋が採れるようになった。しかし折角の収穫時期にイノシシが集団でやってきて、一晩でほとんどの芋が食べられてしまった。それ以来イノシシ対策に漁網をかけたり、一日中ラジオをかけたりしている。現在三百本のサツマイモを植えている、

私は自然の流れに逆らわず、自然と調和して共存共栄する野菜作りに大いに満足している。

（二〇〇二年三月二十九日／二〇一三年七月加筆）

# トマトのハングリー精神

野菜作りは難しい。その野菜の原産地はどこか。温度や水分に対する好み。肥料を欲しがっているかどうか、野菜ごとに違う。それぞれの野菜の好みを知らないとよい結果は得られない。

最近トマトの栽培で実験してみた。トマトの原産地は南アメリカの高地である。肥料分のないやせた土地や水気のない土地を好むという。そこで実験をしてみた。一つは元肥をたっぷり施した畑にトマトAを植えた。もう一つは全く肥料を施さなかった畑にトマトBを植えた。苗の定植からひと月後Aは茎も大きく葉は生い茂って頼もしく生育しているが、一向に花を咲かせる気配がない。一方Bのトマトは茎や葉はやせ細っているが、花を咲かせ多くの実をつけた。

さらにその翌年農業雑誌を見て、トマト苗のポット植えをやってみた。それはポットの底に十文字に切れ目を入れポットのまま植えつけるのだ。トマトにすればそれまで温室で豊かな環境で育てられたのに、突然肥料分もなく根を張る隙間もないポットのまま土に植えられたのだ。トマトは最悪の環境に突然投げ込まれ、生きるか死ぬかの戦いを強いられたのだ。

植えつけた直後は可哀そうに、しおれて今にも枯れそうな感じだったが、トマトは切れ目の少しの隙間から根を伸ばし、昨年よりもっと多くの実をつけた。収穫後根を掘り上げてみると。普通のトマトの二〜三倍もあるような太い根を張っていた。それに伴って病気にも強く実も沢山実らせた。

野菜作りの本を読むと、肥料のやり過ぎのAは過保護な環境に育ち、収穫はほとんどないとある。つまり肥料をやり過ぎると自分だけが生を謳歌して、子孫を残そうという本能が働かず、花も実もつけないという。肥料をなるべくやらないことがトマト作りのこつだという。ただし実がピンポン玉くらいの大きさになったら、肥料をやり始めるといい。私の作っているミニトマトは十一月まで採れる、しかも段々甘さが増してくる。野菜は一般的に肥料をやり過ぎて失敗することの方が多いようだ。

トマトも、裕福な環境で育てると全く実をつけず、子孫を残そうとしないのだ。

ところで最近子供たちの「いじめ問題」が社会問題になっているが、子供の少子化傾向と無関係ではなさそうだ。子供を最低の一人にして、母親も働きに出る。貧しいがゆえに働くのではない。より豊かな生活を求めるためのようだ。私の少年時代は「産めよ増やせよ」の国策で、どの家庭も貧しい中でも子沢山だった。その当時一人っ子の家庭は「非国民」と、人々から非難されただろう。一人っ子はとかくわがままに育つ傾向がある。

私は六人兄弟の中で豊かな人間関係が培われたように思う。終戦直前直後は国全体が飢餓状態だった。だからだれもが毎日の食を求めて働いた。毎日毎日食べることの心配ばかりだった。水ばっかりのお粥で一時の満腹感を味わった。しかしその貧しさの中で得たものは多い。終戦後の惨めな日本を経済大国に育て上げたのは、その苦労を味わった世代の人々だったと信じている。

そんな状態の中でも、その時代に産まれた子供の数は決して少なくなかった。もっとも戦地から兵隊さんが引き揚げてきて、一斉に子づくりに励んだこともあったが。しかし現代のような少子化傾向はその後もしばらくの間、なかったようだ。「貧乏人の子沢山」というが、種族保存の本能は貧しい時代により多く働くのではあるまいか。

最近テレビのドキュメントの中で、「毎年産まれて六人娘」という、Kさんの家の子育ての番組があった。両親の子育てに費やすエネルギーは大変なものがある。それでいて両親も子供たちも生き生きとしている。

一方「ホテル家族」という言葉がある。一人一人が個室を持ち、ひとつの屋根の下に生活しながら、人間関係が希薄な家族のことをいう。『家庭のない家族の時代』（小此木啓吾著、筑摩書房）ともいわれる。この子沢山の子供たちと両親の家族関係はまことに密なものがある。この両親は種族保存のために尽くして、疲れきって死んでゆくかもしれないが、温かな子孫に囲まれて、心豊かな気持ちで老後を過ごすだろうなと思う。生活は貧しいかもしれないが、得るものは沢山あるなと思う。両親に頑張れと声援を送りたくなる。こんな賑やかな人間関係の中に育った子供たちは逞しく、心優しく他人の立場が分かる人間に成長するだろうなと思う。

過保護に育った子供の方が、将来必ず訪れるであろう苦難の壁を、無事に乗り切れるだろうかと心配なのだ。

トマトは「ハングリー精神」を本能的に持っている野菜であることを身に染みて知った。私の人生と相通うものがある。私も幼児期豊かな環境に恵まれて育った。中学時代から局面は一八〇度転換して、貧乏、飢餓のどん底を経験した。プラスマイナス両極端な振幅の多い八十年の人生を経験したお蔭で、八十歳の今、一番の花盛りの時を過ごしている。

ミニトマトに「お前も苦労したねー。でも美味しいねー」と話しかけ、苦労を見事に乗り切ったトマトに敬意を表しながら食べている。

精神科医の中井久夫氏は「快適な生活をした社会は産児数が減る。かつ世界的には人口はむしろ限界に近付いているから〝ヒトの中の自然〟は、個体を減らすような何ごとかをするはずだ。抗し難い人類史の趨勢が見える気もする」と書いている。これを読んで、人類もトマトと同じか？　と思った。

（二〇一三年四月）

# 老いゆくもの・育ちゆくもの

老化とは日々失われていく過程であり、成長とは獲得していく過程であると思う。六十九歳の私も、あれこれと老化を自覚するようになった。

妻と二人で通院している、病院の診察室の入り口に「老年内科」と並んで、最近「物忘れ外来」の表示がされた。物忘れも医学界で病気として認知され、治療の対象になったようだ。物忘れが市民権を得たと思わず笑う。検査室で血液検査を受ける。看護士が私の名前を聞くので、答えるとしばらくしてまた聞く。三度目に聞かれた時「ちょっと待って、私も自信がなくなった、表に母ちゃんがいるので、私の名前を聞いてきます」と言ってしまった。

看護士は医療ミス予防のために聞いたのだ。「物忘れ外来」からの検査依頼でもあるので、念を入れて名前を確認したのに、からかうようなことを言って、悪いことをしたなと思っている。「ボケ老人と見られたのよ」と妻は笑う。

検査も終わって老年内科に帰ってくる。二十人ばかりの年寄りが廊下の長椅子で、退屈そうに順番を待っている。その中を若いお母さんが、よちよち歩きの女の子を連れて通り過ぎていった。

年寄りのおしゃべりが突然やみ、幼児にみんなの視線が集中する。前にツンのめった危なっかしい格好で歩くのに、母親と手をつなぐことを拒む。早くも自立の道を歩むかと、頼もしくほほえましくもある。転びそうで転ばない。どんな名優だって、こんなに観衆の心を惹きつける演技はできない。老人の「可愛い、可愛い」の嘆声と、賞讃を一身に集めて、彼女はおむつで膨らんだおしりを左右に振りながら、次なる花道に向かって、ゆっくりゆっくり姿を消していった。

（二〇〇二年九月十九日）

# もう一つの世界

九十歳になる母は一日中寝転んで、テレビばかり見ていて体によくないので、母は私に説得されて、嫌々ながら老人保健施設のデイケアに通うことになった。行ってみると友達もでき、話が弾んで楽しいらしく、家に居るよりはいいと言う。

施設は広々として職員の対応も温かく、昼食は五品もあるという。快適な生活環境である。今では長期入所している。

週に何回か見舞いに行く。お年寄りは互いに耳が遠いので、話し声が大きい。その会話を通して俗世間とは、かけ離れた世界が見える。

「主人が元、役所に勤めとったけ年金がええ。ありがたいと思うて毎日仏壇を拝みよる。元公務員は電車賃も半額なんよ」

元公務員の私はオヤッと思ったが、聞き手は「そりゃいいね」と相づちを打ち、何の疑いももたない。

「嫁に聞いたら、おじいちゃんの年金は、孫の通帳に入りよるちゅうけ安心や」

嫁は孫に弱いばあさんの弱点を知って、安心させようと思ってのことらしい。話し相手は言う。

「あんたが死んでも、孫にお金が入るならいいやないね」

年金が孫の代まで支給されるはずはないが、二人は大きくうなずきあっていた。

物忘れも多い。隣のベッドのばあさんを指差して「この人が私の財布を盗った」と言う。泥棒扱いされたばあさんは、耳が遠いのでけんかにもならない。穏やかならぬ訴えに驚いていると「盗った盗られたは年寄りのあいさつ替わり、朝起きたら皆が言ってるから気にしなくていい」と職員は言う。しかし本人の気持ちは収まらない。「家に帰ったら警察に言う」と、どこまでも意地を通す。職員は相性の悪い二人を、別々の部屋にして一件落着。

母の楽しみはカラオケである。母は一番前の特等席を独占して、他人が座ることを許さない。しかし、もう一人天敵のようなばあさんがいて、席取り合戦は激しい。カラオケの日はまだだれもいない会場に、一人ぽつんと座って待っている。「たまには新入りの人に席を譲っては」と言っても「ここでは早い者勝ち、負けてたまるか」と答える。母は施設で一段とたくましくなった。

職員はみんなの持ち歌を知っていて、適当に見つくろって選曲する。「ここはお国の何百里　離れて遠き満州の　赤い夕日に照らされて」「もう幾つ寝るとお正月」「月の砂漠を　はるばると　旅のらくだが　ゆきました」「旅順開城　約なりて　敵の将軍ステッセル　乃木大将と会見の　所はいずこ水師営」。若い頃の記憶力は素晴らしく歌詞は確かである。歌は何の脈絡もなく次々と続く。

一人一人、かたくなに自分を守ろうとする年寄りを、あるがままに受け入れてくれる職員に、深々と頭を下げて施設を後にした。

（二〇〇三年八月二十日）

# 春が来た

山村暮鳥の詩に「こんな老木になっても　春だけは忘れないんだ　ごらんよ　まあ紅梅だよ」という詩がある。私の作曲した合唱組曲に取り上げたので、印象深く覚えている。老健施設でこんな詩から想像するような場面に出合った。

施設では年寄りをもてなすため、誕生会・坊さんの説教・桜見など、色々な計画がある。母はそれを楽しみにしている。

ある日職員がセーラー服を持ってきて、ばあさんたちに着せた。みんな大喜びで、はしゃぎながら交替で着た。ばあさんの一人は娘のように、愛らしくスカートを広げて見せた。だが「じいさんたちは見もせんで知らん顔をしとる」と母は言う。ばあさんたちの挑発に乗らない、じいさんたちが許せなかったようだ。「大体じいさんたちは、一日中ものを言わん。だれとも話さんのなら、ここに来んにゃええのに」と母は、じいさんたちに怒りをぶっつける。

またある時、資生堂の宣伝部員のお化粧講座があった。一人ずつおしろいや口紅やほほ紅をつけてもらった。ばあさんたちはお互いの顔を見てキャーキャー騒いでいた。あまりにもにぎやかなので、じいさんたちが様子を見にきたが、今度はみんなで一斉に「あっちに行き」と団結して男を追い出した。「お化粧は人目に付かないようにするもんやけ、男には見られたくないんよ」と言う。女学生のように、はにかむ姿が愛らしい。

施設にはお化粧のにおいが漂い、気持ちの若返ったばあさんたちが、胸のときめきを感じ、若い頃の話を始めた。

「若い頃結婚してすぐ、主人は戦死したんよ。ええ男やった。その後、私しゃ校長先生からお嫁に欲しいと言われたんよ」

無料でもらった小さな試供品を手にして、ばあさんたちは青春時代のワクワク・ドキドキするような思い出話に花を咲かせた。

（二〇〇三年八月二十八日）

# 猫の里親さがしています

生後間もない六匹の子猫が公園に捨てられていました。隣家の小学校五年生のゆきちゃんは、寒さに震えて泣いている子猫のために、とりあえずダンボール箱のおうちを作りました。その日から、日頃無口で気の弱いゆきちゃんが、人が変わったように、生き生きと活動を始めました。翌日、学校でかわいそうな子猫の話をすると、たちまち十人の仲間ができました。そして、みんなで里親を探す手紙を書くことになりました。

「ねこのさと親をさがしています。かえるかたは、貫中央公園にいますのでとりにくる前に電話をして下さい。電話○○○―○○○○」早速出来上がった百枚の手紙を手分けして近所の家に配ったり、お金を出し合って猫の餌も買ったりしました。傘やお皿を持ってくる人もいました。

子猫たちは腹いっぱいのごちそうを食べると、温かいタオルにくるまって、もう泣かなくなりました。それを見て、みんなニコニコ顔でした。

子どもたちの「子猫の里親さがし作戦」に町内会長さんも心を動かされ、その手紙を回覧板にして回してくれました。やがて五匹の子猫が次々と、もらわれていきました。手紙作戦成功、万歳、万歳とみんな大喜びでした。

雨の降る夕方、最後に残ったやせて、ひ弱な子猫とゆきちゃんが話していました。子猫は寒さに震えながら「いつになったらお家に帰れるの。お母さんもずっとここに居て、一緒に寝んねして」と言っているように思えました。子猫に頬ずりしながら、ゆきちゃんは言いました。

「大丈夫よ、お母さんがいるから」

やがて子猫は安心したように、深い深い眠りにつきました。

翌日夕方子どもたちは、みんな「ごめんね、ごめんね」と泣きながら、公園の裏の林の中に子猫のお墓を作りました。

（二〇〇二年一月三十日）

## 高見女声コーラスとの出合い

昭和四十九（一九七四）年、四十一歳のころから四年間、私は高見女声コーラスの指揮者を務めた。

最初は十人ばかりの団員だったが、四年後には六十人に達するまでに、合唱団は成長した。毎週土曜日の午後の練習だったが、私にはとても充実した時間だった。

指揮者はいつも団員から試されている。それが怖くて私も事前にしっかりと準備をした。音楽は時間の芸術だ。この音から次の音に移る時に味が出てくる。重々しく移るのか、弾むように移るのか、その微妙なさじ加減が、楽曲の味わいを引き出してくれる。

例えば私がピアノの練習をしていても、今の味がよかったと思って、もう一回弾いても、同じ味は出せない。そうして試行錯誤しながら、いい味を追求することになるが、演奏者の喜びはそこにある。

また演奏とは作曲家の描きたかった世界を再現することであり、また作曲者の代弁者とも言える。だから演奏は再現芸術だともいわれる。指揮者は作曲家が表現したいと思ったであろう気分を感じ取り、その音楽に自ら感動しワクワク・ドキドキしながら指揮をしなければ団員はついてこないし、観客をドキドキさせることは出来ない。

六十人のぴたっと一致したハーモニーは迫力もあり、圧倒されながら指揮をすることの喜びは最高のものだった。団員の中には歌唱力に優れた人も多く、中学の女声では味わえない、その妖艶な歌声に支えられ、私はラッキーだった。

伴奏者の加藤典子さんは、著名なピアニスト井口基成氏のお弟子さんでもあり、その音楽性や演奏技術は非常に優れ、その演奏に学ぶことも多かったが、そのエネルギーに支えられて、合唱団は成長していったと思っている。

私は高見女声合唱団の演奏会の録音を整理して「音で綴る自分史」として八十分のＣＤに収録した。当時の多くの団員から注文があり、ＣＤのダビングに大忙しだった。

私は授業や土曜日の午後の高見合唱練習・放課後や日曜日夏休みの吹奏楽の練習など毎日音楽活動に携わっていたが、飽きることもなく、過ごしてきた。

私は高見女声コーラスの演奏を味のあるものにしようとして、事前に有名な合唱団のレコード聴いたり伴奏の練習をしたり、懸命に努力した。私の人生の中で、本当に充実した時間だった。こんなにいい経験はないと思っている。付録のCDをぜひ聞いてみてください。

（二〇一〇年四月）

■ニュージーランド旅日記

# 私とニュージーランドとの出合い

私の生まれ育ったところは長州藩の下関市長府町である。幕末の頃長州藩は尊王攘夷運動の要の藩であった。私の入学した豊浦中学校の校歌は「乃木将軍の生まれし所……」から始まり、今もなおその歌詞のまま頑固一徹に歌い継がれている。

このような町に戦後占領してきたのは、英語を話すニュージランド軍である。日本の歴史始まって以来初めての屈辱的な夷狄《いてき》（野蛮な民族）により、長府の町が占領されその支配するところとなったと、私は思ってきたのだが、ニュージーランド兵に接して少し様子が違う。ニュージーランドの小さな軍隊がバグパイプの軍楽隊を先頭にして、侍町（現存する長府のメイン道路）を誇らしげに行進していった姿を思い出す。音楽好きな私はバグパイプの音色に強烈な印象をもった。私の心の中は戦争に負けた国民がもつ敵対心や屈辱感と、初めて出会う異文化への憧憬の入り組んで屈折した複雑な心境だった。子供たちが兵隊に向かって

「ギブミー　チョコレート」と呼び掛けた悲しい時代の話である。

また彼らはブルドーザーをもって来て、サツマイモ畑になっていた中学校の運動場を整地し、ラグビーのポールを高々と立て、ラグビーに興じたり、真冬でも半袖姿で町を歩いていた。

そのニュージーランドに行ってみて、かつての占領国が今は日本びいきになっていることを知った。町中に中古の日本車が走り回っていてそれを見るだけでも嬉しくなって、私の車と同じトヨタカローラを見つけては喜んだりした。また最近ニュージーランドでは日本語熱が高まっていて、ある調査では、子供たちに自国語以外に教えたい外国語は日本語だと回答した人が八三パーセントもいたという。その背景には、ニュージーランドのヨーロッパ向け輸出は全輸出量の五分の一で、三分の一以上はアジア向けという事情もあって、アジアの一員としての認識を強くしていったように思える。またオーストラリアとともにニュージーランドは、アジアを中心とする経済協力促進の場であるＡＰＥＣ（アジア太平洋経済協力会議）の正式メンバーでもある。イギリス（宗主国）離れが進みアジアへの接近・アジア化の道をたどり始めたとも言えるようだ。

最後の日程でオークランドでの半日の自由行動時間があった。岸壁からバグパイプの音が聞こえて来た。何か行事が始まるらしい。アイルランドから移住してきた人達の募金運動の行事だったのだ。何も分からずアイルランド系の人々に囲まれて過ごした二時間だったが、バグパイプを演奏するおじいさんのアイルランド民謡とその音色が私を引きつけて放さなかった。

中学一年生の時に聞いたニュージーランドの軍楽隊のバグパイプの強烈な印象が、幼いときの刷り込み現象として残り、本能的な行動としてバグパイプの音色に惹かれてこの港町で思わぬ時間を過ごしたのかもしれない。

私は海が好きだ。それは十代の頃、手漕ぎの船で漁に出掛けたり、海で遊ぶことの多かった頃の郷愁かもしれない。丁度夕方の帰宅時間だったので、渡し船と思われる各種の船に人々が次から次へと吸い込まれていく様子も面白かった。島国ニュージーランドを実感した一時だった。

日本人は北風と聞くと反射的に寒さを感ずるのが一般的だが、ニュージーランドは反対のようだ。私たちの訪れた十二月はニュージーランドでは初夏に当たる。真夏は一～二月で、日本とは反対になる。反対といえば面白いのは家は皆北向きで、北風は温かく南風は寒いという。南極から吹いてくる風が冷たいのだと言われてもにわかには理解出来ない。

反対といえば便所の水が流れる時に、日本とは反対の渦を巻く。妻が試していたが、時計と反対方向の左巻きに渦を巻くという。磁力の関係だろうか。植物の蔓の巻き方も反対だという。私はジョークで「日本では左巻きのクルクルパーと言うが、ここでは右巻きのクルクルパーと言う」と言って皆からひんしゅくを買ってしまった。左巻きを辞書で引くと、「頭の働きが正常でないことや人をいう」とある。北半球で発達した文化は右巻きを正常としているのかもしれない。とすると南半球の国々の辞書には左巻きは正常でないと書いてあるかもしれない。しかしスポーツでは左巻きが多い。野球・トラック上の競争競技・競輪・競艇などなど。考えれば考えるほど何が正常なのか分からなくなった。私は帰国後ずっとそれにこだわって、便器に残された排便の行方を眺めながら、蘊蓄《うんちく》を傾けてこの問題に決着を付けるべく、考え続けている。

クライストチャーチからマウントクックに向かう途中、ジェラルディーンという小さな町で休憩をした。ガイドさんの勧めるチョコレートの粒々が入った美味しいアイスクリーム、ポーキーポーキーを、道路に面したテラスで食べていたところ、人通りもなく静かな交差点で突然「右へ曲がります。右へ曲がります」とアナウンスしながら右折するトラックと出合った。日本でよく聞くアナウンスだが私はオヤッと一瞬耳を疑った。後でガイドさんに聞いてみると、町を走っている自動車の八〇パーセントが日本車だという。それも中古の自動車が輸入され、なかには車体に書かれた会社名もそのままにして走っている車もあったが、「右へ曲がります」もその類いだったのだろう。エキゾチックな雰囲気に酔い痴れている所へ「右へ曲がります」はないだろうと、笑ってしまった。

ドイツの観光客は日本と同じように団体で観光バスで移動し、団体で観光してまわるとガイドの甲田さんが面白そうに言った。集団主義と個人主義の違いだろうか、観光地でみられる国民性の現れ方を彼女はよく観察して面白がっていた。

日本を離れて七日間、テレビもねえ、新聞もねえ、電話もねえ、情報が一切入ってこない世界。日本の日常的な社会から遮断された特異な時間。非日常的な時間と異質な文化にさまよう時間は、本当に夢のような時間だった。たまにはいいもんだ。

（一九九九年十二月十五日〜二十二日）

# ひとがら

　私たち夫婦には、かかりつけの耳鼻咽喉科のお医者さんがいる。風邪や口内炎など、たちまち治してくれる。腕は確かだ。

　十坪程度の二階建ての小さな古い木造の医院は一階が診察室で、二階が住居となっていて、駅の裏通りにある。土地は三角形で駐車場のスペースは一台だけの狭い土地なのだ。聴力検査中に列車が通ると、一時中止して静かになるまで待つことになる。四畳半ばかりの待合室に、古ぼけた応接椅子と写りの悪いテレビが置いてある。小さな受付の窓口は、昔の国鉄の切符売り場を思い出させる。診察室は薄暗く六畳ばかりで、以前あった冷房機も、先生が冷房が嫌いだからといって、取り去ってしまったと言う。

　先生の年齢は七十歳くらいで、身長は低くやせて骨張った顔は、いつも笑顔である。髪の毛はボサボサで、夏は下着のクレープのシャツのまま診察する。患者は少ないので、昼休みは正午から四時までと、ゆっくりしている。この時間に先生は近くの公民館に出かけて囲碁を楽しんでいるらしい。以前いたお婆さんの看護婦さんも、今はもういない。

妻の耳鳴り治療は、耳あかを採ったあと薬を塗って終わった。

「百円下さい。すいません」

「すいません」は先生のいつもの口癖である。百円では赤字だろうと、心配になってくる。高額納税者のベストテンに医者が名を連ねている時代であるが、先生は医療で金儲けをしようとは考えてもいないようだ。

私はのどの痛みを訴えて診察してもらう。手鏡を二つ操作して症状を私に確認させ、写真入りの医学書を持ってきて治療の説明を始める。これが毎度のことなのだ。ここが他の医者と違うところだ。先生の医者としての誠意が嬉しく、「はいはい」と聞いている。

やがて薬をもらう段階になって、思わず吹き出してしまう。

「この薬、効くか効かんか分からんけど、持って行きますか。もう少し持って行きますか」袋入りの粉薬を一つかみ取り出すと、数も確認せず袋に入れてくれる。ある時は「これは今私が飲んでいる睡眠薬だが、少し持って行きますか」と。

そして計算して「二九〇円下さい。すいません」。先生なりの計算方式があるようだが、

# 謹賀新年　平成２１年元旦
お幸せをお祈りします

７５歳になりました。*後期* 高齢者と明記された保険証を手にした。さらに車には（枯れ葉マーク）のステッカーまで義務付けられた。（枯れ葉）にされて黙っておられるかと、私は毎日４時間の畑仕事で体力作りに励み、１時間半のピアノ練習で迫りくる老化と戦っている。しょせん勝ち目のない戦争をしているようにも思うが、ひょっとしたら面白くなるかもしれない。

落ち葉でいっぱいの公園で、若葉マークの幼児が争っていた。「早く替わってよ」「いや」今年も政権交代のニュースで賑わいそうだ。

名田　惣二郎

「早く替わってよ」「いや」

計算機が必要なのかなと思う。待合室にはいつも患者はいない。すると先生は三畳ほどの待合室に急いでやってきて、話し始める。私とは野菜作りの話が弾む。

「あと二年はやっとりますから」

帰りかけた背中に、先生はつぶやくように言う。医院の店仕舞いを自分自身に言って聞かせているようでもあり、一抹の寂しさを感じさせる。とかく医者は上から目線で患者に対応する人が多いのだが、この先生は対等な目線で接してくれるので、私たち夫婦は人のいい、心の中も開けっ広げの先生の大ファンなのだ。

（二〇〇九年八月四日）

# 骨の折れる話

あっという間の出来事だった。平成十四（二〇〇二）年十一月十九日午前一〇時半、畑の倉庫で一升瓶六本入りのケースを踏み台にして、高いところにある品物を取ろうとして背伸びした途端、足下がぐらついてコンクリートの土間にたたきつけられた。しばらくは「ウーン」とうなったまま体が動かない。やがて左手首の異変に気付く。みるみる間に内出血でふくれあがり、青じみた手がダランと下に垂れ下がっている。

病院に向かうタクシーが振動する度に激痛が走る。冷や汗が流れ、のどがカラカラに渇く。

車中では妻の小言が続く。

「日頃から私の言うことを聞かんで、危ない事ばっかりするからよ。何でひっくり返るって分からんかったんね。救急車を呼ぼうというのに言うことを聞かんからよ」

私は運転手には「早く早く」「痛いから振動させないでゆっくり走って」と言い、妻には

「今説教するな」と怒鳴る。激痛でたえられない十分間だった。

外科窓口で受け付けてもらったが、一般患者と同じ扱いで、順番が来たら呼びますと言うだけで長いこと待たされた。骨折して痛くてたまらないと何回も訴えても、相手にしてくれない。後で分かったことだが救急車で運ばれれば、玄関に看護師が移動式ベットを用意して、すぐに手術室へ運んで対応してくれるようだが、私は良心的すぎたようだ。

やっと順番が来て局部麻酔をして手術が始まった。二人の医者のヒソヒソ話が聞こえてくる。「こりゃひどい。骨が細かく砕けとる。ここところをつないで……こっちの方がいいかな……まーやってみるか」

いろいろ検討したにしては結論が頼りない。不安な気持ちが高まる。手術室のテレビの画像に、電動ドリルの刃がグイグイと骨を貫き、裏っ側にストンと抜けていく様子が写る。金属棒を四本打ち込み、骨折部分を固定して手術は終わった。

術後ベッドに帰ったが手術した手を高くつっているので、寝返りも打てない。一晩中鈍痛がおそう。返す返すも足元の安全を確認しなかった、あの一瞬の不注意が悔やまれてならない。もう一生ピアノが弾けなくなるのではという不安がつのる。

段々と病状が回復するが、今度は何もすることもなく、食事だけが楽しみという日々が続く。退屈で仕方がない。体力だけは保持しようと思って病院中を歩き回った。我が家に帰りたい思いがつのる。一月後の十二月二十日、待ち望んだ退院が許され帰宅した。

しばらくしてギプスもとれた。恐るおそるピアノを弾いてみると、左手の親指が全く動かない。ショックだった。どうやら親指の腱が切れているらしい。四か月後、十日間入院する。再度手術して人差し指の二本の腱のうちの一本を親指に回すことになった。

「最高の師は人生の事実」であるという。一瞬のすきに悪魔が手を伸ばす。痛い思いをして高い治療費を払って、私は七十歳にしてこの言葉を実感した。

もし骨折しなかったら、私はピアノはいつでも弾けると思って、遊び半分に弾く程度だった。思い上がった私に、ピアノが罰を与えたのだ。

それから毎日痛い思いをして、リハビリのピアノ練習を始めた。初めは全く動かなかった親指も少しずつ動くようになってきた。しかし手術をした親指あたりが腱鞘炎を起し痛くてたまらない。それは段々と治まってきたが、今度は肩が痛くて弾けなくなった。

どうも脳の神経が指示を出して「これ以上弾くと危険だ」との忠告らしい。音楽に集中しようとすると、他のことが思い出されてどうしても、自分で納得するいい音楽にならないのだ。それとも戦って勝った。今は治って痛みを感じなくなった。

十年後の今でも毎日一時間は練習している。骨折した左手首の腱鞘炎も集中力も元に戻った。

治療にあたったお医者さんも、「もうピアノ演奏は無理だ」と言われていたが、その立ち直りにびっくりしているようだ。先生からの励ましの言葉を頂いて、その先生の主催する演奏会に毎年出演してピアノを演奏させてもらっている。骨折する前よりも今のピアノ方が、ずっとうまくなっていると、自分でも感じる。

「けがの功名」とはこのことだったのか思えば、けがをして得をしたことになる。

（二〇一三年一月十二日）

# アンタアホヤ

先日ある会合で「写真結婚」が話題になった。「男女七歳にして、席を同じゅうせず」と教育された日本では、そのような見合い結婚が当たり前の時代もあった。見合いの場合、事前に親や親戚の審査の過程があり、本人より周りの客観的判断の方が優先した。子どもの幸福を願う親の目に狂いはなく離婚も少ない。見合い結婚にもよい面もあった。

現代では恋愛結婚で、二人は合意の上で結婚したはずなのに、なぜか離婚が多い。結婚五年未満の夫婦の離婚数は、約十万三千組で前年比六・九パーセント増にもなる。（平成十三年、厚生労働省統計）夫婦の離婚は子どもの人格形成に多大な影響をもたらし、それに起因する非行問題など、犠牲になるのは子どもなのだ。動物の場合、雌雄の結び付きは、子孫存続のための本能的な営みなのだ。人間の場合も子育ての責任を全うすることで恋愛は完結すべきだ。

ラジオの人生相談で、子どもが二人いる主婦から、主人との間に恋愛感情がなくなったから、離婚したいとあった。子どもができた時から、夫婦は営巣本能による育児中心の親業に移行すべきなのに、「好きだ嫌いだ」と自分中心の、浮ついた心に驚く。

「恋は思案のほか」と言われるが、恋は理性を失わせ分別をなくさせる。出会った瞬間に火花が散って、あばたもえくぼに見えるのだ。恋愛感情が相手を過大に評価し美化し、冷静な判断を狂わせる。この人でなければならないという、確たる根拠なんてありはしないのだ。

イギリスの小話に「慌てて結婚、ゆっくり後悔」とある。フランスにも似たものがあり、「結婚とは判断力の欠如、離婚とは忍耐力の欠如、再婚とは記憶力の欠如によって生じる」とある。一時的な夢遊病状態の恋愛感情は一生続くものではない。恋愛の夢から覚めて現実を見た時、なんでこんな人と結婚したのだろうとなる。

若者の離婚を嘆いてばかりはおられない。高齢夫婦の離婚も増えている。結婚後三十～三十五年の夫婦の離婚は、約六千三百件で前年比八・二パーセント増。結婚後三十五年以上の離婚が、約四千三百件、前年比一〇・五パーセント増で、明治三十二年以降最高の数値だという。(平成十三年、厚生労働省統計)。永年かかって築いた老夫婦の家庭も安泰ではない。

我が家でも妻から「もう来世はあんたとは一緒になりませんと」と常々言われている。

「女房の選択を間違った」と言うと、妻は「だれと結婚しても、女はみんな一緒よ」と動じない。あきらめて「私を捨てないで」とお願いすることになる。「ひさしを貸して母屋を取られる」の感あり、我ながら情けないことになったと思うが、腹の虫がおさまらない。私の場合、なぜ妻と結婚したかと言うと、若さの勢いだった。大学時代、周りにいた女子学生は七人だったが、その中の一人の妻と恋愛した。選択肢は七分の一だ。

妻には内緒だが「手近にいたので、その中からみつくろっただけだ」と内心は思っているが、「だれでもよかった」とは、決して口には出さない。結婚なんて「あの柳の木の下で、出会ったばっかりに」というような、偶然性によるところが大きいのだ。

結婚して四十数年、我が家では夫婦げんかが絶えないが、近ごろ、けんかの収め時も段々分かってきた。妻の言葉遣いが「………ません」などと丁寧語に変わる時は危険なのだ。例えば「分かりました。もうカレーライスは作りません」などがそれである。私が味付けを批判したことに端を発して、妻は宣戦布告を伝えるために、突然言葉遣いが変わる。他人行儀にふるまう態度で、私との間に距離が生じたことを示そうとしている。それから長い間、我が家でカレーライスを口にすることがなかった。長期にわたる食事作戦に耐えかねて「母ちゃんごめん、俺が悪かった」となる。

最近テレビが「モロッコでは、同志・兄弟・仲間のことを〝アンタアホヤ〟というと教えてくれた。四十数年間苦楽をともにした夫婦の関係は同志であり、戦友とすら言える。面白いことは、それが関西弁と真反対の意味をもった、同音異義語であることだ。本音をモロッコ語のオブラートで包んで偽装した「アンタアホヤ」は、妻から「今のはどっち」と真意を問われても、「モロッコ語」と言うと疑わしげに私を睨みつける。相手に打撃を与えて溜飲を下げる効果はある。以来、我が家では、それが夫婦間の流行語になった。

以前、テレビの取材で雅子妃殿下に対して「夫婦げんかをされますか」という質問があった。ぶしつけな質問に妃殿下は答えに困られ、しばらく間をおいて「夫婦げんかは犬も食わぬと申しますが、我が家では犬が食べてくれます」と。

見事なユーモアに感心した。最近はご夫婦は、愛くるしい愛子様の笑顔を仲立ちに仲睦まじく、夫婦げんかも一時休戦とお見受けする。

（二〇〇二年八月十九日）

# 赤い糸

　ある調査によると「来世も今の連れ合いと一緒になりますか」との問いに対して、男性の七〇パーセントが「はい」と答え、女性の七〇パーセントが「いいえ」と答えたとある。さらに連れ合いが死ぬと、男性は後を追うように平均五年以内に死亡し、女性は二十二年も生き残るという。「男はなんと純情なことよ。我が家のかみさんはどうなんだろう」と考えている時のことである。

　夕食後、晩酌でほほをそめた妻が言う。「あしたは四十五周年よ」。突然の問いかけにカレンダーを見るが何も書かれていない。「何の記念日や」と問うが「あしたは何の料理にしようか」妻の思わせぶりな言い方に、結婚記念日のことだなと気が付く。だがわざと知らん顔をする。妻はすでに私が気付いたことを察している。このへんの駆け引きは、四十五年間、山あり谷ありの苦楽を共にしてきたもの同士の阿吽の呼吸というやつで、微妙な心の動きも読み取られてしまう。妻はさらに追い討ちをかけるように「私の誕生日は?」とくる。「まだ覚えていないの」と追及は厳しい。

「何が食べたい」と問うので「名前のある料理がいいな」という。「何のことね」「テレビの料理番組でやってる、洋風のしゃれた名前のついたやつ」。とたんに妻の口がとんがり、顔色が変わる。二人の阿吽の呼吸はそこまで。夫婦のきずなは赤い糸で堅く結ばれているというが、最近我々夫婦の赤い糸はかなり痛んでいて、今もまたプツンと切れた。

「肉ジャガとかキンピラごぼうは、もうあきた」「ふーん、今までもそう思うて食べとったんね、四十五年間私がどれだけ我慢してきたね、お父さんの好きな通りにさせてきたのに」。そう言われると「そうかもしれない」と気が弱くなる。

「覚えとき」と言う言葉は妻がよく使う。「婚約指輪も結納も、貰ってないもんね」。「押しかけ女房のくせに」と言葉を返したいが、こんな時は頭を低くして、嵐が通り過ぎるのを待つに限る。

かくして翌日の夕食のメインディッシュは、スーパーマーケット早朝売り出しの、一個五十円の握り寿司となった。妻が八つ、食の細い私が七つで、彼女のほうが私よりも一つ多い。それで機嫌がなおって、赤い糸はまたつながった。

(二〇〇三年十月二十三日)

# いたずら・仕返し・反抗期

好奇心やいたずら心おう盛な、反抗期の生徒数百人が生活している中学校では、いつも思いがけない事件が起きる。

黒板ふきにチョークの粉をたっぷりつけて、入り口のドアーの上に挟み込むいたずらは古典的ないたずらである。仕掛けが終わると、偵察の生徒が獲物の先生がやってくるのを見張っていて「来た来た来た来た」とみんなに知らせる。教室は期待に満ちて静まり返る。

一方先生はいつも賑やかな教室が、異常に静かなことに異変を感じて、その日に限って後ろのドアーから入ってくる。「黒板ふきがないぞ、どこにいった」「先生あんなところにあるよ」お互いにすっとぼけて笑いの中で落着。先生は「ざまー見ろ」と得意げに椅子に座ると、セロテープの尻尾がお尻に張り付く仕掛けになっていたりする。黒板ふきはおとりの仕掛けなのだ。こういうことには天才的な生徒がいるものだ。

生徒は尻尾をつけた先生のお尻を見ては、笑いをこらえて授業を受けることになる。箸が転んでも笑う女生徒は笑いをこらえきれず、あちこちでくすくすと笑い声が耳に入ると、教師も気が付いて、セロテープをはがす。日ごろからいたずら好きの生徒の額に、テープを張り付けて、教室が爆笑のうちに、一件落着する。

生徒はまた教師の欠点や特徴をよく見抜いてあだ名をつける。最近まで勤めていた中学校の先生のあだ名をあげると、

ベァー　熊のように動作が鈍い先生

さもじぃ　若いのに年寄りじみたS先生

ポンポン　腹が出ている学年主任

母親はいつも子どもから、あだ名ばかり聞かされているので、保護者会で先生の本名が分からず「あのポンポン先生が……」とあだ名を言ってしまう。あだ名の方が著名なのだ。

佐藤愛子のエッセイに、先生への仕返し場面がある。先生に叱られた女学生が悔しさのあまり、放課後教室でかたまって、心ゆくまで泣いていたが一人の生徒が「えらそうなこというたって、あの先生四度も結婚したくせに」といったのでみんな泣くのを中止した。分からず屋とか、意地悪ばあさんとかでは、比較にならないほどの最高の悪口を探して、憂さ晴ら

しをしたとある。

女生徒の仕返しはこの程度だが、私の出身中学校は男子校だったので、いたずらも度を超えていた。年取った数学の先生の授業はよく分からず、テストばかりしていたので、腹いせに先生が教室を回っている時に、後ろから万年筆のインクをかけた。けさがけにその跡が残った。先生はその後、その背広を授業専用にしていたようだったが、インクをかけた生徒はそれを見ていつも心が痛んだに違いない。

以前、二階の手洗いの排水口に雑巾を置いて詰まらせ、水を流して一階の職員室を水浸しにする事件があった。いたずらした生徒は、成り行きやいかにと状況を確認に来るから大体見当が付く。

ある時は新設したばかりの学校中の水洗トイレの水が、流れず大騒ぎしたこともある。機械に関心のある生徒が、ネジマワシで全部の金具のネジを調整し直したのだ。生徒が在校する間は油断が出来ない。雪の日に車のエンジンがかからないので、調べてみると軒並みにマフラーに雪が詰めてあったりする。

数十年を経た同窓会で、永年の罪の意識から、あれは僕がやりましたと白状する生徒もいる。こうしたいたずらっ子の方が社会に出て、たくましく活躍し建築会社の社長になったりする。

振り返ると私自身も子どもの頃、大人から叱られることばかりして生きてきた。これが子供たちのあるがままの姿で、子どもの成長過程で生じる必要悪として、一般通念は温かく見守ってくれているようだ。

しかし毎年毎年、新手のいたずらっ子が期待に胸をふくらませて入学してくるのだから、教師はたまったものではない。気を長くして生徒のいたずらや仕返しや反抗に付き合うことになる。

（二〇一二年七月十二日）

# 面白い本

読書の季節となった。私は若い頃から本は寝転んで読んでいた。娘はそんな私を見て、本は寝て読むものと学習したらしい。幼児の頃「本を読むから布団ひいて（敷いて）」と言い、妻は私の影響で困ったものだとなげいていた。

眠れぬ夜は読書に限る。ことに難しい本は睡眠薬代わりになる。本を開くがすぐに眠ってしまい効果てきめんだ。相性のいい著者の本にはグイグイと引き込まれて、もうこんな時間かと思うほどだ。もう一方の私の睡眠を妨げる面白い作家に最近出会った。

一人は吉村昭である。蔵書を数えたらいつの間にか三十五冊もあった。ことに幕末や明治維新の史実を丹念に調べた上での物語などは抜群だ。時代が移り変わる様子が目に見えるように分かる。物語の展開も次はどうなるのだろうとハラハラ・ドキドキさせられる。切りのいいところで止めようと思うが、なかなか止められない。

他の著者の場合、前の晩に読んだ内容が思い出せなくて、前に戻って読まなければ、今の場面とつながらないことが多いが、吉村昭の作品にはそんな苦労がない。前夜に読んだ内容が印象深く頭に残っていて、読み始めるとすぐに前夜読んだ場面が思い出されて、作者の世界に引き込まれていく。私と波長の合う作家なのだろうか。

文学の鑑賞とは、作者の描こうとした世界を追体験することだという。夏目漱石の蔵書を見ると、本の中に漱石の自筆で反論や賛意などの書き込みが各所にしてあるそうだ。まるで著者と向かい合って対話をしているような読み方だ。これくらい真剣に読んだら、もっと身に付くだろうなと思うが、私は寝転んで読むグウタラ読者だから、追体験などと大きいことは言えない。

私のかって仕えた管理職の先輩が「読んだ本はその内容を他人に話してみると、自分が本当に理解したかどうかが分かる」と教えてくれた。その上司は職員朝礼で最近読んだ本の内容をよく話していた。しかし話しながらも時にあいまいになると「すみませんもう一度読み直してきます」と笑いを誘った。確かに気持ちの高まりを押さえきれないような、面白い話題はだれかに話したくなるものだが、私も妻を相手にそれをやっている。

吉村昭の本の中に、薩摩班が江戸を攻める時に、戦術として江戸の町で盗みなどやらせてわざと混乱を起こし、幕府の力のなさをあらわにした。それによって人々の心は幕府から離れ、江戸の攻略に成功したとある。「なるほどそうだったのか」と心を動かされる。私は昨夜読んだばかりのこの話を妻にした。

「アメリカはイラクを攻めて、勝ったのに今は守ることに追われている。フセイン一派はゲリラ戦でアメリカの占領支配をおびやかしているが、この戦術をアメリカは戦前に予想できなかったのかな」と話題は広がる。

本の内容を要約して自分の言葉で話してみると、読み取りの程度が自分で確認できる。相手の反応に手応えがあると、本の中身が知識として定着するので、よい方法だと思っている。

もう一人の作家は佐藤愛子だ。「血脈」を読んでから、彼女の本が読みたくなった。たまたま彼女の文庫本が、リサイクルショップに一冊十円で並んでいるのを発見した。冷やかしに買ったエッセイが面白くて、翌日店頭に並んでいた彼女の文庫本を、すべて買い占めて数百円支払った。今では四十二冊もあるが、一冊十円では佐藤愛子にすまない気がしている。それにしても女学生の心理をユーモラスに描いたものなど、面白い本が多いのにどこの古本屋でも、吉村昭より安く値が付けられているのは可愛そうだ。

我が家は夫婦で寝る時に本を読む。佐藤愛子の本は私が先に読んだ。私が「この本は面白い」と言うと妻はそれを読む。妻が読みながら突然笑いだすと、私が今どこを読んでいるかと聞く。その場面を二人で思い出して共に笑う。秋の夜長の読書は寝床の中が、やっぱりいい。

佐藤愛子は「血脈」以外心に残る作品はない。もう面白くなくなった。次にはまったのは見川鯛山というお医者さんの本だった。世間ではあまり知られていないし、出版された本も少ないが、ユーモラスな書き方が面白くて、この著者の本も何回も読んだ。

今やっぱりこの人がいいと思う著者がいる。司馬遼太郎だ。織田信長以降の物語に、私は魅せられた。彼の本はほとんどもっていて、2回3回と読んでいる。

これらの著者には十分楽しませてもらったが、もうそろそろ次の新しい作家と出会いたいと思っている。

（二〇〇三年十一月二十七日）

# 幼子の初めての言葉って

一歳を超えたばかりの双子のさっちゃんは、目のクリクリとした、身長が六〇センチくらいのとても可愛い女の子です。

さっちゃんは最近、少しお話ができるようになりました。今日も近所のおじさんに会うと、両手を前にそろえてお辞儀しながら「こんにちは」と、はっきりした発音で言いました。

次に出会った猫さんにも、ぴょこっと頭を下げて「にんにちは」と言いました。さっちゃんはお話ができて、とてもうれしいのです。双子の男の子のゆう君も言いましたが、なぜか「こんちには」になってしまうのです。

三歳頃になるとさっちゃんは、もっとお話が上手になりました。でもゆう君は変なことを言うのでさっちゃんはそれを直すのに大変です。

ゆう君が、「きみしゅ」と言ったので「違うでしょう、頂きますでしょう」と教えてあげます。ご飯を食べて後も、ゆう君が「ごちまた」と言ったので、さっちゃんが「違うでしょう、ごちそうさまでしたでしょう」と直してあげました。

でもゆう君はさっちゃんにも分からない言葉を使います。

「さなかのたねとって」と言うのを聞いてさっちゃんはお母さんに聞きました。

「さなかのたねってなーに」

「魚の骨のことよ」

ゆう君のお話には、お母さんしか分からない言葉が沢山あるのです。

お話の上手なさっちゃんにも不得意な言葉があります。

さっちゃんが「バックバック」といって後ろ向きに歩いている時、お母さんとぶっつかったので、さっちゃんはお母さんに「ごめんね」と言いました。

お母さんが「どういたしまして」と言うと、さっちゃんはまねをして言いました。

「どういたまして」

言った後でさっちゃんは「あれっ」と言って、慌てて小さなお手てで口を押さえました。

五歳になったゆう君は、もうお話も上手にできます。でもゆう君には分からない言葉がたくさんあります。テレビのニュースが「運賃の値上げ問題は……」と言うのを聞いて、ゆう

あけましておめでとうございます

お幸せをお祈り申し上げます

平成２３年元旦

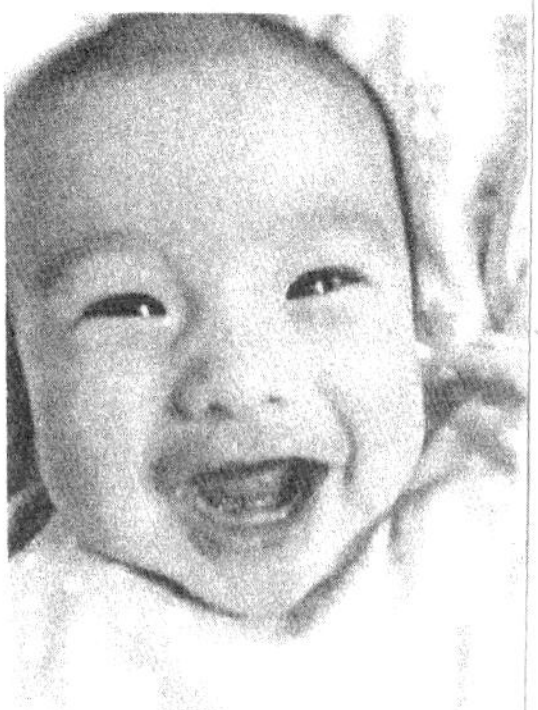

孫の健太郎の笑顔には、心がいやされる。眩いばかりの命の輝きが見えるからだ。

私は残された限りある時間に、しがみついて生きて居る。だが人生もっと面白くしてやろうと思っている。

名田惣二郎

孫・健太郎に命の輝きを見る

君はお母さんに聞きました。

「うんちんてなーに」

それからしばらくして、ゆう君がお便所の中で大きい声で歌っていました。

「ウンコとチンチン、ウンチンチンチン」

「やっぱり」。お母さんはクスッと笑いました。


（二〇一四年三月）

# 男はつらいよ

我が家のたんすの上に置かれた衣装箱に「主人下着」「主人冬物」と書いてある。日頃は目にも入らないのに、今日はなぜか気になった。「主人とは俺のことか」と妻に聞きたくなる。収入のあった頃、現金が入った給料袋を妻に渡す時、確かに私には一家の主人という実感があったが、それが銀行振り込みになると、通帳が私の座を奪った。さらに定年退職後、年金生活だけの収入になると、私の存在はますます軽くなる。

株価の下落のように、収益の上がらなくなった株は、見向きもされなくなる。かって私が主人の座を維持できたのは、金の力に過ぎなかったことに気が付いた。

妻は私が退職すると「どこか働きにいったら」という。マラソンランナーがやっとゴールに到着したと思ったら、「ゴールはもう少し先です」と宣告されたような感じだ。四十年、仕事いちずに邁進してきただけに「もっと走れとは酷なことを」と思うが、妻の一声は厳しい。

それから第二第三のお勤めを終えて、やっと老後の生活を楽しもうと思うと、妻は一日中家にいる夫の存在が、うっとうしいらしい。ぬれ落ち葉のような日々を送る身はつらい。妻は最近、私の弱みに付け込んで、さらに攻めにでてきて、「私名義の財産がない」と言う。敵は我が陣営内に自分の牙城を作り、いざと言う時の決戦に備えるつもりか、ひょっとすると離婚に備えた方策かも知れない。今や家庭における私の地位は地に落ちる一方だ。

そこで外に出て息抜きする場として、文化センターの教養講座を受講することにした。妻も今ごろ私が居ないので、やれやれと羽を伸ばしているだろうが、亭主が腹いせにこんな文章を書いているとは夢にも知らないだろう。妻の悪口ならば材料に事欠かない。だが妻には内緒に願いたい。私の楽しみがなくなる。

走り続けて、燃え尽きて、なおあまりけりウン十年

（二〇〇二年十月二十四日）

# あとがき

私が本書をまとめたのは八十歳になってからである。歳とともにだんだん多くなっていく物忘れ、ちょっとした小石につまずいてひっくり返る運動能力の衰えなどを自覚し、そろそろ人生の店じまいの準備をせねばならないと思い始めたからである。

私の死後は産業医科大学に献体して、学生さんの解剖の実習に使って頂き、最後のお勤めをするために、三十数年前に妻とともに献体の登録をしている。

そして葬儀もせずに静かに、この世から消えていきたいと思っている。また墓に閉じ込められるのもおもしろくない。しかし私が確かに生きていた証を、我が子孫に残してやろうという思いもある。いわばこの本は、私の墓替わりなのである。

「而今」という題名にしたのは、仏教用語の中に「今を懸命に生きる」という意味の言葉があることを知って使わせて頂いた。私の心の中には、この言葉が私の生き方を表すのにふさわしいという思いと、いささかおこがましいとの思いと、両方がある。まあそういう時期もあったということでお許しいただきたい。

私の人生には分かれ道の場面がいくつかあった。その時私は、より厳しい道を選んだように思う。「人生おもしろくしようと思えば、いくらでもおもしろくなる」。後輩に説教する時の私の決まり文句だ。私の歩んできた道は屈折した道で、決して一直線の道ではなかったがゆえに、私はおもしろい人生が過ごせたと思っている。

私は音楽の教師の道を選んだのは、正解だったと思う。何しろ好きなことを仕事にして給料を貰えるのだから、こんなにいい仕事はない。消費・賞味期限とも切れかかっている、八十一歳になった現在、老いとの戦いに挑戦している。約百余名の混声合唱団を今年も指揮するが、「ハレルヤ」「大地讃頌」など、私自身がドキドキ、ワクワクしながら指揮をしなければ、だれも歌ってくれない。

もう一つの現在の私の生きがいは畑仕事である。四三〇坪の畑が私を待っている。一日も休ませてくれない。私の植えた野菜に負けてたまるかとばかりに、草も生えてくる。

私の得意とする野菜はサツマイモである、今年は種イモから苗取りして四百本植えた。定着したファンもいる。とても甘いとの評判で、今年も野菜店から、「サツマイモの出荷はまだですか」と催促の電話が来るだろう。まだまだ私に残された課題はいくらでもあるが、一応、ここらで一区切りつけておこうと思いたったのが現在の心境だ。

最後に、本書を作るにあたってご尽力頂いた、海鳥社西俊明社長、柏村美央様や社員の皆様に厚くお礼を申し上げます。

二〇一四年七月十五日

名田惣二郎

**勤務先一覧**

豊浦郡田耕小学校（助教諭・1951〜）
下関市立下関東部中学校（助教諭・1952〜）
中間市立中間北中学校（教諭・1958〜）
戸畑市立天籟中学校（教諭・1961〜）
北九州市立足立中学校（教諭・1968〜）
北九州市立中原中学校（教諭・1972〜）
北九州市立沢見中学校（教諭・1976〜）
福岡教育大学附属小倉中学校（教諭・1978〜）
福岡教育大学附属小倉中学校（教頭・1983〜）
北九州市立門司養護学校（教頭・1984〜）
北九州市立田原中学校（教頭・1986〜）
北九州市立横代中学校（校長・1987〜）
北九州市立足立中学校（校長・1991〜）
九州女子学園高等学校（教頭・1993〜）

**名田惣二郎**

（なだ・そうじろう）

1933年（昭和８年）３月８日生まれ。1945年，下関東高校（現豊浦高校）入学・卒業後，助教諭として豊浦郡田耕小学校（1951～），下関市立東部中学校（1952～）へ勤務。1953年，福岡学芸大学（現福岡教育大学）へ入学し1957年10月に卒業。以来36年間、教諭，教頭，校長を歴任する。1994（平成６）年，北九州市立浅川公民館館長。1998年，北九州市立田原中学校心の教室相談員。2000年，心の教室相談員を退職し現在に至る。


而《じ》今《こん》

■

2014年8月30日　第１刷発行

■

著者　名田　惣二郎

発行者　西　俊明

発行所　有限会社海鳥社

〒812-0023 福岡市博多区奈良屋町13番4号

電話092(272)0120　FAX092(272)0121

http://www.kaichosha-f.co.jp

印刷・製本　九州コンピュータ印刷

ISBN978-4-87415-916-3

［定価は表紙カバーに表示］